LA SAGE BOUFFE

BOUFFE

de 2 à 6 ans

Louise Lambert·Lagacé, diététiste

LA SAGE BOUFFE
de 2 à 6 ans

ÉDITION DU CLUB QUÉBEC LOISIRS INC.
© Avec l'autorisation des Éditions de l'Homme,
Division de Sogides Ltée.

ISBN-2-7619-0381-1

L'auteur

Louise Lambert-Lagacé est une autorité en matière de nutrition.

Est-il besoin de rappeler sa collaboration régulière à la revue *Châtelaine* depuis 1975, sa participation en tant que diététiste-conseil au journal *Le Devoir* de 1976 à 1982? Qui d'entre nous ne l'a pas vue à l'une ou l'autre des quelque trois cents émissions télévisées dont elle a été l'animatrice invitée?

Que dire encore? Que depuis 1981, elle dispense à la faculté de l'Éducation permanente de l'Université de Montréal un cours de nutrition; qu'elle est l'auteur de cinq livres, vice-présidente du Dispensaire diététique de Montréal, présidente du comité consultatif des sciences et de la technologie de la Société Radio-Canada... et ceci n'est qu'un aperçu de ses activités. Louise Lambert-Lagacé se dépense sans compter, avec une énergie... dont elle nous donne peut-être le secret.

Remerciements

Des personnes extraordinaires m'ont aidée à produire *LA SAGE BOUFFE DE 2 À 6 ANS.*

Pour *la recherche*, quatre diététistes m'ont apporté leur support.

Sheila Dubois a travaillé avec moi dès la conception du livre il y a quatre ans; elle a fouillé la littérature scientifique, retenu les meilleures études, revu et critiqué tout ce que j'ai écrit; sans elle, ce livre n'existerait pas.

Lison Chauvin-Désourdy m'a fait profiter de son vécu avec ses deux jeunes enfants et a mis au point plusieurs des bonnes recettes du livre. Sa soeur Carole Boivin a aussi partagé quelques recettes.

De Paris, la diététicienne Marie Line Huc m'a aimablement communiqué des données précieuses.

Cynthia Dougherty et Suzette Poliquin m'ont prêté main forte de multiples façons au cours des deux dernières années.

À la cueillette de données fraîches sur les préoccupations des parents et des médecins, plusieurs personnes ont collaboré:

Mary Bush et son groupe de parents inscrits au Early Childhood Education du Algonquin College d'Ottawa;

A. Bichara, directeur de la garderie Aux Petites Biches de Brossard;

Deanne Delaney et les infirmières de la clinique externe du Montreal Children's Hospital;

Micheline Colin, responsable de la clinique à l'hôpital Sainte-Justine;

et près de quarante pédiatres du Québec.

Quant au support moral, mon mari m'a maintes fois redonné le courage de poursuivre ce projet devenu très lourd certains jours.

Pour la censure du contenu, le docteur René Benoit, pédiatre de mes filles, a une fois de plus accepté de lire le manuscrit et de me livrer ses commentaires.

Pour la réalisation technique, Paule Noyart a dirigé les opérations avec grâce et compétence.

Jacqueline Vandycke a corrigé le manuscrit.

André Cornellier a patiemment photographié Hélène et Francis pour la page couverture.

Jean André Carrière a mis des heures et des heures à concevoir et à faire vieillir ses petits personnages.

Gaétan Forcillo, Jean-Guy Fournier et André Laliberté ont rassemblé toutes les pièces du livre et ont soigneusement bâti la maquette.

Je les remercie tous chaleureusement!

Louise Lambert-Lagacé

Introduction

Le rêve... c'est l'enfant affamé à chaque repas, emballé par les aliments offerts et toujours prêt à vider son assiette sans un mot d'encouragement!

La réalité... c'est l'enfant qui a souvent un appétit d'oiseau, qui n'accepte pas d'emblée l'aliment nouveau et qui oublie parfois de manger...

Le rêve peut se matérialiser. Toutefois, il correspond moins au vécu de l'enfant de 18 mois et plus, et ce, pour une foule de bonnes raisons.

La réalité, elle, mine l'atmosphère du repas et risque de ruiner la relation de l'enfant avec la nourriture.

La sage bouffe de 2 à 6 ans

• vise d'abord à favoriser le développement d'une génération de mangeurs heureux;

• permet de mieux saisir ce qui se passe dans la tête, le coeur et le corps du jeune enfant face à la nourriture;

• permet de comprendre, de prévenir ou de contrôler une gamme de bobos qui sont reliés à la nourriture;

• propose non pas un nouveau modèle d'alimentation mais incite au respect de l'individualité alimentaire de chaque enfant;

• fournit des données récentes et prend position sur des dossiers tout chauds comme le sucre, le sel, le gras, l'aspartame, les colorants;

- offre des solutions qui se mangent;
- suggère des menus et des recettes qui donnent la priorité aux aliments les plus sains et les moins transformés.

Ceux qui ont lu *COMMENT NOURRIR SON ENFANT* constateront un changement pour ne pas dire une certaine évolution dans la philosophie de l'alimentation de l'enfant après 18 mois.

L'approche est devenue plus souple en ce qui concerne les quantités d'aliments à servir; elle demeure ferme quant à la qualité des aliments à offrir.

Cette nouvelle approche respecte mieux l'individualité du jeune enfant sans compromettre son état nutritionnel.

Elle travaille de façon encore plus positive à façonner la relation heureuse avec les bons aliments.

Mode d'emploi

Il n'est pas nécessaire de lire
cet ouvrage du début à la fin.

Mieux vaut le garder à portée
de la main et le consulter
lorsqu'une question surgit.
L'organisation des textes et les
index permettent de retrouver
facilement la réflexion,
l'explication, l'information ou la
solution souhaitées.

Ne pas s'inquiéter si l'enfant ne
réagit pas tout à fait comme le
prévoit le livre. Chaque enfant a
son propre développement et son propre
comportement alimentaire.

Ne pas s'imaginer qu'il faille
passer des heures à la cuisine
pour bien nourrir un jeune enfant.

Dans le cas des "bobos", compléter
la démarche suggérée avec l'aide
d'un médecin ou d'une personne
compétente qui connaît bien
l'enfant et son environnement.

Ne jamais oublier qu'il vaut mieux savourer les bons aliments en compagnie de l'enfant que de lui vendre des principes de nutrition!

Ne pas hésiter à transmettre des commentaires à l'auteur.

Chapitre 1er

Les besoins et les caprices du jeune enfant

"Par ma bouche le monde entrait en moi plus intimement que par mes yeux et mes mains.."

"Manger n'était pas seulement une exploration et une conquête mais le plus sérieux de mes devoirs.."

Simone de Beauvoir.
Mémoires d'une jeune fille rangée

Les habitudes alimentaires des tout-petits

On étudie beaucoup les habitudes alimentaires du bébé puis on saute à celles de l'écolier sans vraiment s'attarder au menu des tout-petits dont le goût est en pleine croissance.

On traite souvent les 2 à 6 ans de gentils capricieux... mais pourquoi généraliser l'exception? Seulement un enfant d'âge préscolaire sur quatre résiste systématiquement à l'appel de l'assiette!

Nos petits mangent bien et ne manquent de rien... révèle une enquête effectuée à Montréal et à Toronto auprès de 189 enfants de 3 à 4 ans.

Lorsqu'on cherche à connaître les enfants qui mangent le mieux, on découvre que:

• plus la mère a une attitude positive face à son rôle et face à la "popote", meilleure est la qualité de l'alimentation de l'enfant;

• plus la famille est nombreuse, mieux l'enfant mange...

De plus, on ne peut sous-estimer l'influence de la famille ou de l'environnement immédiat sur la qualité du menu. Le calcul a été fait et l'unique repas pris à la maison rapporte souvent à l'enfant des éléments nutritifs qu'il a du mal à recevoir ailleurs, même s'il mange deux repas et deux collations à la garderie.

Pour avoir une petite idée des préférences alimentaires de l'enfant d'âge préscolaire, on peut consulter quelques enquêtes mais chacune ne reflète qu'une culture alimentaire donnée avec ses limites dans le temps.

Le dernier sondage effectué en 1983-1984 par la compagnie Campbell auprès de 1000 foyers américains révèle les faits suivants:

- en gros, l'enfant n'aime pas nécessairement les mêmes aliments que les adultes et ses goûts changent au fil des ans;
- parmi ses légumes préférés, le maïs en épi, le maïs en grains, les cornichons... et les carottes arrivent en tête de liste!
- parmi ses fruits préférés: les raisins frais, les pommes, les fraises et le melon;
- parmi ses desserts favoris: la crème glacée, les beignes et les biscuits aux brisures de chocolat...

L'enquête Nutrition Canada menée au début des années soixante-dix donne aussi quelques indices sur les préférences de l'enfant d'âge préscolaire. On a noté:

- qu'il mange plus de céréales cuites que de céréales sèches;
- qu'il apprécie volontiers le pain de blé entier;
- qu'il préfère la viande hachée au morceau de viande;
- qu'il boit autant de boissons gazeuses et de boissons à saveur de fruits que de vrais jus de fruits;
- qu'il aime la "sauce", la soupe au poulet et aux nouilles, et les desserts à base de gélatine.

Les préférences ne reflètent qu'une culture alimentaire donnée.

Chaque parent et chaque personne responsable d'enfants de 2 à 6 ans peuvent contribuer à façonner cette culture alimentaire!

CALIENDO M.A. *et al.* "Nutritional Status of Preschool Children". *Journal of the American Dietetic Association,* 71(1977). Pages 21-26.

CHERY, A. et *al.* "Portion Size of Common Foods Eaten by Young Children". *Journal of the Canadian Dietetic Association,* 45(1984). Pages 230-233.

DEBRY, G. "L'alimentation de l'enfant français". *La Nouvelle Presse médicale,* 42(1980). Pages 3145-3147.

LEUNG M. *et al.* "Dietary Intakes of Preschoolers". *Journal of the American Dietetic Association,* 84(1984). Pages 551-554.

SCHUMILAS T.M. *et al.* "Family Characteristics and Dietary Intake of Preschool Children". *Journal of the Canadian Dietetic Association,* 45(1984). Pages 119-127.

WILLIAMS S. *et al.* "Contribution of Foodservice Programs in Preschool Centers to Children's Nutritional Needs". *Journal of the American Dietetic Association,* 71(1977). Pages 610-613.

Les besoins nutritifs du jeune enfant

Le grand défi de la bonne nutrition réside non pas dans le respect des chiffres exacts... mais dans la capacité d'ajuster l'alimentation à l'individualité de chaque enfant.

Tous les enfants du même âge, de même poids, de même taille, ayant une activité physique semblable, n'ont pas nécessairement les mêmes besoins nutritifs . Même s'ils mangeaient tous les jours les mêmes quantités d'aliments, ils ne jouiraient pas tous du même niveau de développement et de santé...

Chaque enfant a ses propres besoins nutritifs.

Lorsqu'on parle de quantités "recommandées" ou d'apports nutritionnels recommandés (ANR) par le gouvernement canadien, on considère ces chiffres comme :

- des points de repères;
- des outils pour évaluer la qualité de l'alimentation de groupes d'enfants du même âge;
- des moyens de déceler une probabilité de déficience.

Le livre ne présente ces recommandations (appendices pages 241 à 273) que pour compléter l'information ou pour rassurer à l'occasion... mais ne voudrait surtout pas susciter de nouvelles inquiétudes ou contraintes.

19

On ne doit pas se surprendre des différences qui existent entre les recommandations canadiennes et celles publiées en France à la même époque car ces chiffres correspondent à la philosophie d'un groupe d'experts, et l'unanimité chez les experts n'est pas chose commune! Les chiffres sont révisés périodiquement pour qu'il soit tenu compte des développements scientifiques les plus récents.

Prenons le cas d'une vitamine et regardons la marge de sécurité et les limites des recommandations officielles (ANR).

RECOMMANDATION POUR LA VITAMINE C:
2 À 3 ANS: 20 mg PAR JOUR

- Une dose de 20 mg dépasse de beaucoup la dose nécessaire pour éviter le scorbut, maladie causée par une carence en vitamine C;
- Une dose de 20 mg comble en principe les besoins de 97,5% des enfants de 2 à 3 ans en bonne santé;
- Une dose de 20 mg peut être insuffisante pour 2 ou 3 enfants sur 100 ainsi que pour un enfant malade.

L' enfant en bonne santé qui ne consomme que 16 mg de vitamine C par jour au lieu des 20 mg prescrits n'est pas nécessairement "déficient". Selon les chiffres publiés, on peut dire qu'il présente un "risque" de déficience et que plus il s'éloigne de la quantité recommandée, plus ses "risques" augmentent...

Mais cela ne cache pas toujours une déficience. Un examen plus poussé ne sera nécessaire que si l'enfant a vraiment mauvaise mine.

Il n'y a de vraie "déficience" que lorsque l'enfant souffre des symptômes précis qui correspondent à un manque de vitamine C: fatigue, faiblesse, petites hémorragies à la racine des cheveux, douleurs musculaires, enflements des jointures, gencives saignantes: cas rarissime au Canada.

Inutile de s'alarmer si l'enfant ne mange pas tous les jours la quantité "exacte" de vitamines, de protéines, de minéraux. L'écart d'un jour ou deux n'affecte pas vraiment l'état nutritionnel de l'enfant qui mange bien de façon habituelle...

Dans le cas des calories, c'est la croissance et le poids de l'enfant qui témoignent de la suffisance de son alimentation. L'enfant qui grandit bien et qui se maintient dans sa courbe de croissance absorbe assez de calories tandis que l'enfant qui change de courbe dans un sens ou dans l'autre absorbe trop ou pas assez de calories, selon le cas.

On respecte les besoins nutritifs du jeune enfant en lui offrant régulièrement la gamme des aliments les plus nutritifs et en le laissant libre de déterminer ses quantités.

Cette approche alimentaire a toutes les chances de bien le nourrir et de lui fournir souvent plus de vitamines, de protéines et de minéraux que les recommandations.

DUPIN, H. *Apports nutritionnels conseillés pour la population française.* Paris, CNRS-CNERNA. Technique de Documentation, 1981.

SANTÉ ET BIEN-ÊTRE, Canada. *Apports Nutritionnels Recommandés.* Ottawa, 1983.

L'instinct face aux besoins de l'enfant

On ne peut parler de l'instinct alimentaire de l'enfant sans revoir les études classiques du docteur Clara Davis publiées pour la première fois en 1928.

Le docteur Davis a d'abord étudié trois bébés, tout juste sevrés, qui n'avaient jamais mangé d'aliments solides. Ils étaient en bonne santé mais demeuraient en institution. Elle a planifié leur alimentation et les a surveillés pendant une période de six à douze mois.

C'est à partir de 33 aliments de grande valeur nutritive, disponibles frais à l'année, *strictement non transformés*, peu cuisinés, servis tantôt crus tantôt cuits, et non additionnés de sel, de sucre ou de gras que le docteur Davis a planifié leur menu quotidien. Chaque repas comprenait le tiers des 33 aliments de la liste; chaque aliment était offert dans un plat individuel. Le bébé choisissait librement ses aliments.

Les trois bébés ont choisi des aliments d'origine tant animale que végétale, mais chacun a mangé différemment. Leurs choix ont varié dans le temps et demeuraient vraiment imprévisibles. Les bébés ont grandi selon les normes, n'ont pas souffert de constipation, ont bien toléré les aliments et se sont développés normalement.

Le Dr Davis qui a observé tout le processus de développement de leurs habitudes alimentaires a conclu que leurs choix étaient reliés à des *goûts acquis avec le temps* plutôt qu'à leurs besoins en calories.

Une étude subséquente menée auprès de 15 enfants et toujours planifiée autour d'aliments de base de grande valeur nutritive a fait dire au docteur Davis que le choix du jeune enfant n'est pas basé sur son instinct mais sur son appétit sélectif. L'enfant découvre les aliments qu'il aime à force de goûter aux différents aliments, mais il ne peut faire d'erreur à cause des qualités nutritives de tous les aliments offerts.

D'autres recherches ont tenté de reproduire les résultats du Dr Davis mais sans succès. Lorsque la liste des aliments change et comporte des aliments transformés ou sucrés, l'enfant qui choisit librement ne réussit plus à se nourrir adéquatement.

Même si de telles expériences peuvent difficilement être répétées à la maison ou à la garderie, deux grands principes en ressortent et méritent d'orienter toute l'alimentation du jeune enfant:

N'OFFRIR À L'ENFANT QUE DES ALIMENTS D'UNE GRANDE RICHESSE NUTRITIONNELLE,CAPABLES DE LUI FOURNIR TOUT CE DONT IL A BESOIN POUR GRANDIR ET SE DÉVELOPPER;

LAISSER L'ENFANT VRAIMENT LIBRE DE DÉTERMINER LES QUANTITÉS QUI LUI CONVIENNENT, SANS FAIRE DE COMMENTAIRES, DE SUGGESTIONS, DE CHANTAGE OU DE PRESSION...

L'ADULTE FOURNIT LA QUALITÉ, L'ENFANT DÉTERMINE LA QUANTITÉ!

DAVIS, M.Clara. "Self Selection of Diet by Newly Weaned Infants". *American Journal of Disease in Childhood,* 36(1928). Pages 651-679.

DAVIS, M.Clara. "Results of the Self Selection of Diets by Young Children. *Canadian Medical Association Journal,* 41(1939). Pages 257-261.

DAVIS, M.Clara. "Self Selection of Food by Children". *American Journal of Nutrition,* 35(1935).Pages 403-410.

DEBRY, G. *et al.* "L'alimentation spontanée de l'enfant âgé de un an et demi à trois ans et demi". *Bulletin de L'I.N.S.E.R.M.,* 21(1966).Pages 219-248.

PEACE D. *et al.* "Self Selection of Food by Infants". *Journal of the Canadian Dietetic Association,* 34(1973). Page 191.

Le développement du goût

Avoir le goût d'un aliment, c'est vouloir revivre une sensation heureuse avec cet aliment.

Avoir le goût d'un aliment sous-entend le connaître, bien entendu!

Chaque jour, le jeune enfant fait connaissance avec des aliments.

Chaque jour, il acquiert une sensibilité à certaines saveurs, à certaines textures, à certaines couleurs, à certains parfums. Il tisse des liens particuliers avec certains aliments.

Chaque semaine, il agrandit son répertoire de connaissances et de sensations liées aux aliments.

Lorsque son répertoire renferme plein de sensations ''heureuses'', l'enfant a du plaisir à manger; il a ainsi plus de chances de mieux se nourrir que lorsque son répertoire cache plein de sensations malheureuses.

Arriver à multiplier les sensations ''heureuses'' de l'enfant peut donc avoir une grande influence sur son sens du goût, sur son ouverture alimentaire.

Même si elles sont loin d'être achevées, plusieurs recherches apportent déjà une lumière nouvelle et quelques points de repère sur tout ce processus.

Le goût du piment fort...

Comment un jeune enfant peut-il aimer et adopter les piments ''forts'', ces petits légumes de feu qui n'ont vraiment rien de naturellement ''aimable''?

Une recherche menée dans un petit village du Mexique a tenté d'élucider le mystère. Après avoir observé et interrogé un certain nombre de familles, les auteurs ont conclu que:

• le goût des piments forts se développe graduellement dès l'âge de 2 ans pour atteindre un sommet vers l'âge de 8 ans;

- on les introduit lentement, en très petite quantité, *sans jamais forcer l'enfant;* au tout début, la mère incorpore un peu de piment dans un aliment déjà connu et si l'enfant le rejette, elle lui offre un autre aliment de son choix;
- l'aliment n'est jamais imposé mais il a un statut "d'aliment d'adulte" dans la communauté; toute la famille et tous les grands en mangent au moins trois fois par jour;

Grâce à cette approche, le petit Mexicain de 7 ans arrive à consommer plus de piments forts que ses parents et il préfère une collation "piquante" à une collation aigre-douce!

Le goût des légumes...

Comment développer le goût du légume moins aimé?

1. Avoir recours à l'influence de quelques petits amis qui aiment ce légume:

- l'enfant de moins de 4 ans est plus apte à se laisser influencer et à faire des changements alimentaires que l'enfant de plus de 4 ans;
- l'enfant a plus de chances d'intégrer le changement, d'accepter le légume "moins aimé" si l'influence provient d'un enfant légèrement plus âgé que lui;
- plus l'enfant est jeune, plus l'exposition fréquente à une gamme de légumes a d'impact sur le développement de son goût.

2. Utiliser des activités comme la visite au marché, le jardinage, la participation à la préparation du légume pour le faire connaître au lieu de l'imposer.

3. Consommer soi-même des légumes car l'enfant est très réceptif au modèle adulte; il accepte plus facilement de manger le légume si le père, la mère, la gardienne ou la responsable de la garderie en mange.

Le goût d'attention, d'affection...

Comment favoriser l'acceptation et l'adoption d'un aliment quelconque?

Multiplier les circonstances favorables puisque l'enfant accepte mieux et adopte plus souvent l'aliment qui lui est présenté dans un contexte riche sur le plan socio-affectif.

- l'aliment donné comme "récompense" a plus de chances d'être aimé et adopté que l'aliment offert simplement comme d'habitude;
- l'aliment "récompense" n'a même pas besoin d'être sucré pour produire l'effet souhaité; un bâtonnet de carotte, une rondelle de poivron, une cuillerée de beurre d'arachide ou de sésame a autant d'effet que le biscuit ou le bonbon mais ne donnent pas de caries...
- l'aliment offert dans le cadre d'une interaction spéciale colle plus à la sensation heureuse que l'aliment déposé sur le coin du comptoir; l'adulte qui crée une occasion pour donner un bon aliment au jeune enfant influence positivement le goût de l'enfant pour cet aliment;
- à l'inverse, l'aliment aimé peut devenir un aliment rejeté lorsqu'il est lié à une circonstance malheureuse ou à un problème gastro-intestinal telle une indigestion; quelle que soit l'origine du dégoût, il est très important de le respecter si l'on veut que l'enfant en sorte...

La valse des goûts...

Les goûts du jeune enfant se développent par vagues, semblent plus ouverts avant l'âge de 4 ans, deviennent plus sélectifs après 4 ans, puis redeviennent plus ouverts par la suite.

Ces vagues suivent le développement global de l'enfant et contribuent à bâtir sa personnalité.

Toute pression pour forcer l'enfant à manger tel aliment brime le développement du goût tandis que le respect et les stratégies douces ne peuvent qu'agrandir le répertoire des sensations heureuses!

Pour multiplier ses sensations heureuses...
- introduire lentement un aliment nouveau;
- exposer souvent l'aliment à l'enfant dans son environnement, soit dans l'assiette de ses parents ou de ses amis;
- offrir de très petites quantités pour commencer;
- *ne jamais forcer l'enfant;*
- ne jamais exercer de pression ni de chantage;
- donner à l'aliment le statut d'aliment d'adulte;

- donner l'aliment comme récompense;
- manger l'aliment en même temps que l'enfant;
- donner l'aliment avec affection!

BIRCH L.L. "Effects of Peer Models Food choices and Eating Behaviors on Preschoolers Food Preferences". *Child Development,* 51(1980). Pages 489-496.

BIRCH L.L. *et al.* "The Influence of Social-affective Context on the Formation of Children's Food Preferences". *Child Development,* 51(1980). Pages 856-861.

FLOYD, B.L. *et al.* "Developing Good Food Habits in the Preschool Child. Humber College Day Care Centre — A model". *Journal of the Canadian Dietetic Ass.,* 40(1979). Pages 270-273.

HARPER, L.V. *et al.* "The Effect of Adult's Eating on Young Children's Acceptance of Unfamiliar Foods". *Journal of Experimental Child Psychology,* 20 (1975). Pages 206-214.

ROZIN, P. et SCHILLER D. "The Nature and Acquisition of a Preference for Chili Pepper by Humans". *Motivation and Emotion,* 4(1980). Pages 77-101.

Les caprices s'expliquent...

Au cours des douze premiers mois de vie, le bébé traverse plusieurs étapes alimentaires importantes: alimentation au sein ou à la bouteille, sevrage, découverte des aliments solides, transition aux aliments plus consistants. Il vit toutes ces étapes avec plus ou moins d'aisance, mais toujours avec un appétit croissant. Et pour cause, il triple son poids de naissance en un an, exploit qu'il ne répétera jamais.

Et voilà qu'un jour, la croissance physique prend une pause et l'appétit suit...Cette seconde année apparemment plus simple devient plus complexe! Le développement physique cède la place à la découverte du monde!

L'enfant de dix-huit mois n'est plus avide de nourriture. Il semble beaucoup plus préoccupé par d'autres activités:

- il apprend à grimper, à sauter, à danser;
- il apprend à parler, à chanter;
- il apprend à découvrir son univers;
- il apprend à devenir "autonome";
- il apprend à partager.

Au cours de son apprentissage de la vie, échelonné sur 4 ou 5 ans, l'enfant continue de manger MAIS il mange moins. Il oublie de manger parce qu'il a moins faim; il a moins besoin de nourriture parce que sa croissance physique se fait au ralenti.

Cet appétit d'oiseau devient rapidement une cause de soucis, de tension, de conflits inutiles. Mal compris et mal abordé, ce "non-appétit" risque de tout gâcher. Il mène au chantage, aux repas tendus, aux aliments promis, aux sorties refusées, aux pressions douces et moins douces.

CE "NON-APPÉTIT" DU JEUNE ENFANT A UNE DOUBLE DIMENSION:
- IL TRANSMET LE MESSAGE DU CORPS QUI DIT AVOIR MOINS BESOIN DE NOURRITURE;

- IL DONNE À L'ENFANT UN CERTAIN POUVOIR, UNE BASE DE NÉGOCIATION...

Par l'intermédiaire de la nourriture, élément répétitif de son quotidien, l'enfant apprend à connaître les limites de son territoire, de sa faim, de son pouvoir.

Refuser la nourriture lui permet en quelque sorte de se libérer du contrôle de l'adulte, de reprendre les armes face à ses besoins physiques.

REFUSER DES ALIMENTS LUI PERMET D'EXPRIMER SA FAIM D'AUTONOMIE!

Si on ne respecte jamais ses refus, ses grèves, ses marottes, ses appétits, ses envies, on brime sa capacité de prendre des décisions. On le déroute.

L'enfant obligé à manger tel ou tel aliment risque de développer une mauvaise relation avec la nourriture et avec lui-même.

L'attitude de l'adulte face aux caprices des premières années oriente l'attitude future de l'enfant face à la nourriture. Elle peut semer des aversions et des peurs ou préparer une relation heureuse avec les bons aliments.

Vus dans cette optique, les caprices appellent une toute autre stratégie qu'un simple calcul de la valeur nutritive du menu.

Finies les méthodes de pression pour garantir des assiettes vides!

Les caprices, mieux compris et mieux acceptés, permettent à l'enfant et à l'adulte de vivre des repas plus heureux et de préserver le plaisir de manger.

Mieux respectés, les caprices participent au développement global de l'enfant!

Quelques règles d'or

Pour faire face aux caprices alimentaires de la génération de 18 mois à 6 ans, tout est une question d'attitude...!

Avec amour et compréhension...

- accepter les caprices comme le reflet du développement global et "normal" du jeune enfant...
- tenter de s'adapter aux différentes étapes du développement de l'enfant...
- accepter que la confrontation ne mène à rien; forcer l'enfant à manger tel aliment ou telle quantité d'aliment ne fait qu'aggraver le problème...
- s'armer de patience, de persévérance...
- utiliser les stratégies douces, si vraiment nécessaires...

TIRER AVANTAGE DES TRAITS CARACTÉRISTIQUES DES DIFFÉRENTS ÂGES

- à 2 1/2 ans, un horaire régulier de repas peut améliorer l'attitude et l'appétit;
- à 3 ans, les petites "surprises" alimentaires font toute la différence;
- à 3 1/2 ans, la participation de l'enfant à la préparation de certains aliments se révèle stimulante;
- à 4 ans, l'imagination de l'enfant aide à créer des aliments en fête et à augmenter l'appétit (voir aussi pages 34 à 40).

SAVOIR REMPLACER L'ALIMENT REFUSÉ PAR UN AUTRE DE VALEUR NUTRITIVE ÉQUIVALENTE

- sans s'astreindre à combler les besoins de l'enfant au milligramme près, offrir de bons substituts aux aliments temporairement refusés (voir pages **41** à **49**).

UTILISER L'INFLUENCE DES PAIRS

- un enfant qui ne mange pas de brocoli a des chances d'y goûter et de l'adopter s'il mange souvent en compagnie d'un ami "bon mangeur" de brocoli;
- cette influence est plus grande si l'enfant a entre **18** mois et **4** ans.

OFFRIR LA QUALITÉ ET OUBLIER LA QUANTITÉ

- plutôt que de lutter pour que l'enfant finisse son assiette, donner de très petites portions des meilleurs aliments et laisser l'enfant libre de finir ou pas, que ce soit au repas ou à l'heure de la collation;
- en dernier recours, remplir le refrigérateur d'aliments de grande qualité nutritive et laisser l'enfant libre de se servir à son gré, à ses heures.

Portraits d'enfants de 18 mois à 6 ans

Chaque saison de la vie de l'enfant d'âge préscolaire marque un temps fort et chaque enfant a ses temps forts.

Impossible de décrire cette valse de caractéristiques et de caprices, sans risque d'erreur.

Malgré tout cela, des traits communs ressortent et permettent de mieux comprendre le comportement alimentaire du jeune enfant.

Les tableaux qui suivent proviennent de deux sources principales:

- livres rédigés par deux psychologues de l'Institut Gesell sur le développement de l'enfant * ;
- enquête maison menée à l'automne 1980 auprès d'une soixantaine de mères de Montréal et d'Ottawa.

On remarquera que les traits de caractère varient énormément d'un âge à l'autre, ne durent qu'un instant... changent puis reviennent au bout de quelque temps!

Pour maintenir la bonne relation avec la nourriture et améliorer s'il y a lieu l'atmosphère des repas, on peut puiser dans ces tableaux quelques stratégies adaptées à l'âge de l'enfant...

Pour ne pas perdre le fil de la démarche, NE LIRE QUE L'ÂGE QUI VOUS PRÉOCCUPE, ET AU BESOIN L'ÂGE PRÉCÉDENT OU L'ÂGE QUI SUIT.

Si la description ne correspond pas du tout, vous avez sans doute un enfant beaucoup moins excessif que le modèle suggéré et vous pouvez remercier le ciel!

BATES Ames L. et Ilg. F.L. *L'enfant de 1 an*. Presses Universitaires de France, 1983.

BATES Ames L. et Ilg, F.L. *L'enfant de 2 ans*. Presses Universitaires de France, 1979.

BATES Ames L. et Ilg F.L. *L'enfant de 3 à 4 ans*. Presses Universitaires de France, 1979.

BATES Ames L. et Ilg F.L. *L'enfant de 5 ans*. Presses Universitaires de France, 1983.

L'enfant de dix-huit mois
(et quelques mois de plus)

TRAITS GÉNÉRAUX

- peut se définir par le mot "non"
- se préoccupe beaucoup de sa propriété, du "à moi"
- adore monter et descendre les escaliers
- grimpe partout où il peut
- préfère agir seul, sans aide
- effleure plusieurs activités dans une journée
- a une attitude plutôt rebelle

COMPORTEMENT ALIMENTAIRE

- a un appétit sensiblement diminué
- accepte qu'on lui donne à manger mais refuse souvent la viande
- commence à manifester vigoureusement ses préférences et ses dégoûts
- aime manger quand tout va bien
- aime s'amuser avec les aliments
- est plus habile à boire au verre sans trop renverser

CONSEILS PRATIQUES

- ne pas hésiter à le nourrir lorsqu'il est fatigué et qu'il en exprime le souhait
- tailler sa nourriture en petits morceaux pour qu'il puisse ensuite la déposer dans sa cuillère
- diminuer les portions pour s'adapter à son appétit
- accepter ses refus ...

34

TRAITS GÉNÉRAUX

- sait temporairement mieux exprimer ses besoins
- est plus calme et plus détendu
- aime ranger les choses à la "même" place
- adore les rituels et la routine
- joue à côté des autres
- commence à imiter

COMPORTEMENT ALIMENTAIRE

- accepte facilement de manger seul ce qu'il aime; accepte l'aide lorsque fatigué
- dirige assez bien le mouvement pour éviter de retourner la cuillère
- tient son verre d'une main
- lève son verre, boit et le repose
- appétit légèrement amélioré
- aime goûter des aliments nouveaux
- aime grignoter "entre" les repas
- n'apprécie pas tellement le lait

CONSEILS PRATIQUES

- donner les repas à des heures fixes ou presque
- offrir de nouveaux aliments lorsqu'il est en forme
- utiliser l'influence des pairs pour faciliter l'acceptation d'un aliment
- servir des minicollations
- donner le "bon exemple"...

35

L'enfant de deux ans et demi

TRAITS GÉNÉRAUX

- est incapable de faire des choix
- change d'idée rapidement
- exige des rites
- est rassuré par un horaire fixe
- vit des extrêmes
- est assez autoritaire
- se fatigue physiquement et veut occasionnellement redevenir un bébé
- commence à jouer "avec" les autres

COMPORTEMENT ALIMENTAIRE

- commence à savoir utiliser une fourchette
- réclame toujours le même aliment
- adore grignoter "entre" les repas
- trouve la soupe meilleure dans l'assiette du voisin..
- mange mieux dans un décor connu et selon un rite connu
- perd l'appétit lorsque déconcerté par un horaire ou un décor nouveau
- n'aime pas particulièrement la viande

CONSEILS PRATIQUES

- tirer parti de la "ritualisation": repas à heures fixes, même place à table, mêmes couverts, même napperon
- utiliser la musique pour détendre l'atmosphère
- ne pas planifier trop de repas à l'extérieur, au restaurant, avec de nouveaux amis, dans un décor inconnu
- éviter de faire du chantage face aux refus ou grèves spontanées
- lui présenter les faits accomplis, le menu, plutôt que de lui demander son avis
- lui redonner le même aliment si cet aliment le nourrit bien...

L'enfant de trois ans
(et de quelques mois de plus)

TRAITS GÉNÉRAUX

- cherche à faire plaisir
- sait pédaler sur un tricycle
- réussit à se tenir en équilibre sur la pointe des pieds
- aime la peinture à doigts et aime jouer dehors
- aime écouter des histoires: veut que chaque histoire soit lue et relue
- adore écouter de la musique et des disques
- sait exprimer ce qu'il veut et commence à traduire ses refus par des mots plutôt que par des gestes
- aime jouer avec les enfants de son âge
- est moins agressif et défensif qu'à deux ans et demi
- adore les "secrets"
- est très curieux

COMPORTEMENT ALIMENTAIRE

- boude particulièrement les légumes et les nouveaux aliments
- ne mange pas beaucoup aux repas
- chaque bouchée peut donner lieu à une négociation
- sait tenir sa cuillère correctement
- sait tenir sa tasse ou son gobelet par l'anse d'une seule main
- est trop petit pour bien se tenir à table
- aime les surprises concrètes: beau fruit, dessert favori

CONSEILS PRATIQUES

- éviter de lui servir de grosses portions
- ne jamais le forcer à finir son assiette

- offrir un aliment "nouveau" lorsque l'enfant est bien disposé ou sous forme de "surprise"
- si invité à une table d'adultes, lui réserver une place à côté de sa maman ou de son papa
- accorder plus d'importance à ce que l'enfant mange qu'à ses bonnes manières
- accepter de conserver son assiette pour qu'il mange "entre les repas"... ou après les autres...

L'enfant de quatre ans
(et quelques mois de plus)

TRAITS GÉNÉRAUX

- est joyeux, exubérant, débordant d'énergie, comique
- aime l'aventure, les sorties
- adore la nouveauté: personnes nouvelles, endroits inconnus, nouveaux jouets, nouveaux livres
- a envie d'apprendre
- rejette ce qui n'est pas "beau"
- adore les jours de fête
- est très vif et imaginatif
- peut devenir imprévisible
- aime négocier...

COMPORTEMENT ALIMENTAIRE

- a meilleur appétit qu'à 3 ans
- a des refus et des préférences moins marqués
- prend moins de temps à manger seul
- déteste encore certains légumes
- apprend à se verser un verre d'eau ou de lait tout seul
- boit très rapidement
- aime mettre le couvert

CONSEILS PRATIQUES

- ne jamais insister pour que l'assiette soit vide
- faire participer l'enfant à la préparation du repas
- lui demander d'aider à mettre la table
- tirer profit de son goût de l'aventure et lui faire choisir de nouveaux aliments
- lui offrir quelques repas au restaurant puisqu'il apprécie les sorties

L'enfant de cinq ans
(et de quelques mois de plus)

TRAITS GÉNÉRAUX

- veut être gentil
- montre beaucoup d'intérêt pour sa chambre, sa maison, sa rue, ses voisins
- n'a plus le goût du neuf ni de l'aventure
- est à l'aise avec ce qu'il connaît
- vit dans le présent
- aime finir ce qu'il a commencé
- devient plus tendu vers l'âge de 5 1/2 ans

COMPORTEMENT ALIMENTAIRE

- prend plaisir à manger toujours le même aliment, genre marotte
- mange très lentement
- apprécie la cuisine "simple" et décortique les aliments "cuisinés"
- n'apprécie pas les aliments ni très froids ni très chauds
- est capable de se tenir correctement à table
- termine généralement ce qu'il a dans son assiette
- mange au restaurant ce qu'il refuse à la maison

CONSEILS PRATIQUES

- servir des aliments très simples en évitant les ragoûts, les repas en sauces, les mets en casseroles
- utiliser les sorties pour "vendre" de nouveaux aliments
- offrir la soupe tiède et le sorbet pas trop froid
- être très patient...

40

Refus des légumes...

L'enfant refuse souvent les légumes, plus spécialement vers l'âge de trois ans. Il conteste gentiment ou férocement... selon l'attitude de son milieu.

Ce capricieux de nature risque de se laisser prendre aux légumes... si on lui facilite la chose!

Stratégies de choix et de présentation:

- choisir de beaux légumes bien frais, bien colorés et les apprêter avec soin
- offrir des miniportions équivalant à une ou deux bouchées pour commencer
- offrir des légumes crus, beaucoup plus appréciés que les cuits
- découper les légumes en formes amusantes

Stratégies culinaires:

- servir les légumes en fondue (voir recettes)
- servir les légumes en jus ou boissons supervitaminées (voir recettes)
- offrir les légumes à peine cuits, à la chinoise
- offrir les légumes gratinés ou avec une sauce appréciée
- cuire les légumes dans du bouillon au lieu de l'eau
- camoufler les légumes dans des potages
- intégrer quelques bons légumes dans une recette de pâtes; fettuccine ou salade de macaroni

Stratégies ''psychosociales'':

- manger régulièrement et avec enthousiasme des légumes en présence de l'enfant sans jamais insister ou commenter ses refus...

- inviter un petit ami "bon mangeur de légumes" et servir aux deux enfants un repas avec quelques beaux légumes;
- utiliser les légumes comme élément de récompense et servir avec une trempette au yogourt ou au fromage;
- donner aux légumes le statut d'aliments pour adultes...; ce qui est réservé aux "grands" devient intéressant pour les moins grands;
- apprendre à l'enfant à goûter sans qu'il se sente obligé d'aimer...;
- faire participer l'enfant à la préparation du légume;
- semer des légumes dans le jardin et suivre tout le processus avec l'enfant.

Pourquoi des légumes

Parce qu'ils fournissent à l'enfant une bonne quantité de vitamines A et C ainsi que des fibres alimentaires.

Quels sont les meilleurs légumes

Certains légumes ont plus de vitamines que d'autres; si l'enfant en mange peu, donner la priorité aux légumes qui contiennent des vitamines marquées de * * * (voir page 43).

vitamine A * * *...... 340 ER/portion (1)

    carottes, épinards, citrouille, patate douce

vitamines A * *...... 65 ER/portion

    courges d'hiver, tomates, brocoli

vitamine A *...... 15 ER/portion

    haricots verts, chou, maïs, pois verts, courgettes, navet, asperges

vitamine C * * *...... 30 mg/portion

    poivron rouge et vert, brocoli, chou frisé, choux de Bruxelles

vitamines C * *...... 12 mg/portion

    chou, épinards, navet, chou-fleur

vitamine C * .... 7 mg/portion

    tomate, pois verts, asperges, courgettes, pomme de terre

(1) pour une portion de 50 mL (3 c. à soupe)

D'autres aliments renferment aussi des vitamines A et C (voir appendice A).

Refus du lait

L'enfant refuse occasionnellement le lait vers l'âge de 18 mois, de 2 ans ou de 3 ans.

Stratégie de départ:

- ne pas en faire un drame...
- tenter de savoir pourquoi l'enfant refuse le lait; est-ce la saveur, la température, la présentation, le moment?
- évaluer sa consommation actuelle en tenant compte de tous les aliments qui contiennent du lait

500 mL ou 16 onces de lait par jour suffisent pour combler tous ses besoins en calcium et en vitamine D

- faire le tour des personnes qui mangent avec l'enfant et voir si elles boivent et apprécient le lait

Dans un deuxième temps:

- offrir de petites quantités dans un joli verre avec une paille...
- si le refus est complet, planifier une stratégie de camouflage du lait dans des potages, des desserts au lait, des sauces blanches, des boissons lactées
- si le camouflage ne fonctionne pas, penser à une opération de substitution afin de combler les besoins en calcium et en vitamine D
- sans devenir esclave des portions exactes, servir des aliments capables de bien remplacer le lait

Pourquoi du lait?

- parce qu'il supporte la croissance osseuse de l'enfant grâce à son riche contenu de calcium et à la vitamine D ajoutée.

Opération calcium

Servir 3 ou 4 fois par jour des aliments qui contiennent autant de calcium que 125 mL (4 oz) de lait:

125 mL (4 oz) de babeurre

125 mL (4 oz) de yogourt

170 mL (6 oz) de potage au lait enrichi de 5 mL (1 c. à thé) de poudre de lait

25 à 45 g (1-1 1/2 oz) de fromage

15 mL (1 c. à soupe) de mélasse noire

20 mL (4 c. à thé) de beurre de sésame

Mais prendre soin de ne pas offrir toujours le même aliment.

Opération vitamine D

Rechercher les aliments qui contiennent autant de vitamine D que 500 mL (16 oz) de lait:

125 mL (1/2 tasse) de poudre de lait

180 mL (12 c. à soupe) de beurre ou margarine

6 gros jaunes d'oeufs

(Bien entendu, il ne s'agit pas de servir du beurre ou des jaunes d'oeufs dans les quantités indiquées mais de savoir que ces aliments contiennent un peu de vitamine D)

OU

Exposer 30 cm^2 de peau de l'enfant au soleil 1 heure par jour.

Avoir recours à un supplément si l'enfant ne s'expose pas régulièrement au soleil ou s'il ne mange jamais ou très rarement les aliments catalogués (voir appendice B page 259).

Consulter l'encadré qui présente quatre stratégies de remplacement.

Quatre jours sans lait
(avec suffisamment de calcium)

JOUR 1 :.......... 559 mg de calcium
(avec certains produits laitiers)

- 60 mL (4 c. à soupe) de poudre de lait dans divers aliments = 220 mg
- 30 g (1 oz) de saumon en conserve avec les os = 34 mg
- 25 g (1 1/2 oz) de fromage = 180 mg
- 15 mL (1 c. à soupe) de beurre de sésame = 125 mg

JOUR 2 :.......... 500 mg de calcium
(avec un peu de fromage et de yogourt)

- 50 mL (3 c. à soupe) de fromage cottage = 46 mg
- 40 g (3 c. à soupe) de brocoli cuit = 34 mg
- 1 tranche de pain de blé entier = 50 mg
- 125 mL (1/2 t.) de macaroni au fromage = 208 mg
- 125 mL (1/2 t.) de yogourt = 160 mg

JOUR 3 :.......... 505 mg de calcium
(pour végétarien strict)

- 30 g (1 oz) de tofu = 33 mg
- 1 tranche de pain de blé entier = 50 mg
- 15 mL (1 c. à soupe) de mélasse noire = 135 mg
- 15 mL (1 c. à soupe) de beurre de sésame = 125 mg
- 50 mL (3 c. à soupe) de chou frisé = 50 mg
- 500 mL (16 oz) de lait de soya * = 102 mg

JOUR 4 :.......... 488 mg de calcium
(pour végétarien strict)

- 125 mL (1/2 tasse) de fèves soya cuites = 65 mg
- 50 mL (3 c. à soupe) de brocoli = 36 mg
- 15 mL (1 c. à soupe) de mélasse noire = 137 mg
- 2 tranches de pain de blé entier = 100 mg
- 500 mL (8 oz) de lait de soya * = 100 mg
- 1 orange = 50 mg

* On peut augmenter la teneur en calcium du lait de soya en ajoutant un peu de lactate ou de carbonate de calcium (voir appendice D).

Refus de la viande

L'enfant de 18 à 36 mois refuse souvent la viande et plusieurs enfants d'âge préscolaire de 5 ans ne l'acceptent guère mieux.

Est-ce le défi de mastiquer ou une question de texture, de saveur ou simplement le manque d'appétit?

Seul l'enfant le sait.

Chose certaine, l'enfant peut manger un menu très sain sans absorber de viande tous les jours.

Stratégie de départ:

- ne pas en faire un drame...
- regarder les portions servies et tenter de les diminuer (30 à 60 grammes suffisent, soit 1 à 2 onces par jour)
- servir des viandes bien tendres
- servir la viande moulue dans des pains, des sauces à spaghetti ou dans des pâtés, formes qui risquent de plaire
- remplacer par des volailles ou des poissons souvent plus appréciés
- remplacer par des légumineuses cuites ou par du tofu

Pourquoi de la viande?

Parce qu'elle participe à la croissance et à la réparation de tous les tissus du jeune enfant à cause de son contenu riche en protéines;

Parce qu'elle contribue à l'oxygénation du sang à cause de sa richesse en fer.

Mais la viande n'a pas l'exclusivité des protéines et du fer, au contraire!

Opération protéines

Servir des aliments qui renferment autant de protéines que 30 g ou 1 oz de viande:

- 30g (1 oz) de poulet
- un oeuf
- 125 mL (1/2 tasse) de yogourt
- 50 mL (3c. à soupe) de fromage cottage
- 30 mL (2c. à soupe) de beurre d'arachide
- 100 mL (6 c. à soupe) de légumineuses cuites
- 30 g (1 oz) de fromage

Opération fer

Offrir souvent les aliments les plus riches en fer et ne pas oublier que 30 grammes (1 once) de viande rouge ne contient que 1 mg de fer.

Vérifier la liste des aliments qui en contiennent davantage:

fer * * * .... **3 à 5 mg/portion**

foies, crème de blé enrichie, jus de pruneaux, mélasse noire (1)

fer * * ...... **1 à 3 mg/portion**

légumineuses cuites, muffins de grains entiers, germe de blé, huîtres

Consulter l'encadré qui présente le menu d'une journée sans viande, suffisamment riche en protéines et en fer.

(1) vérifier la grosseur des portions à la page 51.

Menu d'une journée sans viande comblant les besoins de fer et de protéines

	Fer (mg)	Protéines (g)
DÉJEUNER:		
125 mL de jus de pruneaux	5,5	0,5
1 tranche de pain de blé entier	0,7	3
15 mL (16 g) de beurre d'arachide	0,3	4
125 mL de lait 2%	0,1	4,5
COLLATION:		
1/2 muffin au son (17 g)	0,6	1,5
DÎNER:		
50 mL (31 g) de lentilles cuites	0,7	3
85 mL (57 g) de riz brun	0,3	1,4
50 mL (33 g) de brocoli	0,2	1
1/2 pomme (75 g)	0,2	--
125 mL de lait 2%	0,1	4,5
COLLATION:		
125 mL de lait	0,1	4,5
2 biscuits au gruau (38 g)	2	--
SOUPER:		
125 mL de lait 2%	0,1	4,5
85 mL (50 g) de macaroni	0,3	1,7
30 g de fromage cheddar	0,7	7
50 mL (31 g) de **salade de chou**	0,5	0,6
1/2 banane	0,4	0,5
	12,9	46,7

Aliments en caractères gras: recette présentée dans le livre

La question des portions

L'ADULTE FOURNIT LA QUALITÉ
L'ENFANT DÉTERMINE LA QUANTITÉ

Ces deux phrases orientent toute la question des portions à servir au jeune enfant.

Elles nuancent toute recommandation concernant les quantités à donner, mais ne suffisent pas à rassurer tous les parents.

Il ne faut jamais oublier que:

CHAQUE ENFANT A DES BESOINS DIFFÉRENTS

CHAQUE ENFANT A UN APPÉTIT DIFFÉRENT

CHAQUE ENFANT A DES BESOINS QUI VARIENT DANS LE TEMPS

CHAQUE ENFANT A DES FRINGALES ET DES PERTES D'APPÉTIT QUI SUIVENT LES BESOINS DU CORPS

ET TOUT CELA EST IMPRÉVISIBLE!

Pour rassurer les uns et guider les autres, on peut suggérer une petite règle pour certains aliments: la règle de la cuillère à soupe!

UNE CUILLÈRE À SOUPE PAR ANNÉE DE VIE

ce qui signifie

DEUX CUILLÈRES À SOUPE À DEUX ANS

TROIS CUILLÈRES À SOUPE À TROIS ANS

QUATRE CUILLÈRES À SOUPE À QUATRE ANS

et ainsi de suite,

Cette règle s'applique quand il s'agit de fruits, de légumes cuits, de beurre d'arachide, de viande ou de foie cuit.

Une portion pour l'enfant d'âge préscolaire pour les autres aliments

Les premiers nombres correspondent plutôt à l'appétit d'un enfant de 18 mois à 3 ans, tandis que les seconds correspondent à l'appétit des 4 à 6 ans. Certains enfants souhaitent des portions plus généreuses et ne font que confirmer la grande individualité mentionnée à ce chapitre.

lait	125 à 175 mL (4 à 6 onces)
yogourt	50 à 125 mL (2 à 4 onces)
fromage fin	15 à 30 g (1/2 à 1 once)
fromage cottage	50 à 125 mL (2 à 4 onces)
poisson ou viande	30 à 60 g (1 à 2 onces)
légumineuses cuites	50 à 75 mL (1/4 à 1/3 tasse)
tofu	30 à 45 g (1 à 1 1/2 once)
oeuf	un petit
fruit frais	demi ou entier
légumes crus	quelques morceaux
jus de fruit	75 à 125 mL (3 à 4 onces)
pain	une demi-tranche à une tranche
céréales cuites	100 à 200 mL (1/3 à 3/4 tasse)
céréales sèches	100 à 200 mL (1/3 à 3/4 tasse)
nouilles, macaroni cuits	50 à 200 mL (1/4 à 3/4 tasse)
riz ou millet cuit	50 à 125 mL (1/4 à 1/2 tasse)
beurre, huile ou margarine	5 mL (1c. à thé)
dessert à base de gélatine	100 à 125 mL (1/3 à 1/2 tasse)

CHERY, A. et SABRY, J. "Portion Size of Common Foods Eaten by Young Children" *Journal of the Canadian Dietetic Association*, 45(1984). Pages 230-233.
ENDRES, J. B. et ROCKWELL, J. *Food, Nutrition and the Young Child.* St-Louis, Mosby Co. 1980.

Le menu de l'enfant omnivore

Ce menu comprend une gamme d'aliments, qui se complètent et peuvent satisfaire les besoins nutritifs de la grande majorité des enfants de 18 mois à 6 ans.

LAIT ET PRODUITS LAITIERS

4 à 6 portions par jour *

ne jamais servir plus d'un litre de lait par jour

VIANDE, VOLAILLE, POISSON ET SUBSTITUTS

l'équivalent de 60 à 120 g par jour

si désiré, remplacer, plusieurs fois par semaine, la chair animale par du tofu ou des légumineuses cuites

FRUITS ET LÉGUMES

4 à 5 portions par jour

servir un fruit ou un légume riche en vitamine C à chaque repas

ne pas offrir plus de 250 mL de jus de fruit par jour

PAIN ET CÉRÉALES À GRAINS ENTIERS

3 à 6 portions par jour

donner la priorité à tout ce qui est de blé entier, ou à grains entiers, et non additionné de sucre

---

* La grosseur des portions varie avec l'âge de l'enfant et avec son appétit (voir guide des portions, page 51).

Le menu de l'enfant lacto-ovo-végétarien **

Ce menu comprend des produits laitiers et des oeufs, mais élimine la présence de toute autre chair animale.

Il ne présente aucun risque de déficience s'il est bien planifié.

Il ne nécessite aucun supplément sauf si l'enfant mange peu et mal.

LAIT ET PRODUITS LAITIERS

4 à 6 portions par jour *

ne jamais servir plus d'un litre de lait par jour

PROTÉINES D'ORIGINE VÉGÉTALE

légumineuses cuites: 150 à 200 mL par jour

ou

tofu: 60 à 90 grammes

beurre de noix ou de graines:

15 à 30 mL par jour

pains et produits céréaliers:

3 à 6 portions par jour

donner la priorité aux produits à grains entiers

OEUFS

4 à 7 par semaine

sauf si famille est vulnérable à l'athérosclérose

FRUITS ET LÉGUMES

4 à 5 portions par jour

servir un fruit ou un légume riche en vitamine C à chaque repas

ne pas offrir plus de 250 mL de jus de fruit par jour

---

* La grosseur des portions varie avec l'âge de l'enfant et avec son appétit (voir guide des portions page 51).

** (voir page 55)

Le menu de l'enfant végétalien

Ce type d'alimentation n'est pas recommandé avant l'âge de deux ans et présente des risques de déficiences*. On doit lui apporter les suppléments appropriés (voir page 56).

PROTÉINES D'ORIGINE VÉGÉTALE

*lait de soya enrichi**: 500 mL par jour
légumineuses cuites: 150 à 200 mL par jour
ou
tofu: 60 à 90 g par jour
beurre de noix ou de graines: 30 mL ou plus par jour
produits céréaliers
4 à 6 portions par jour
donner la priorité aux produits à grains entiers

FRUITS ET LÉGUMES

au moins 6 portions par jour
servir un fruit ou un légume riche en vitamine C
à chaque repas

ALIMENTS MARGINAUX

à servir souvent parce que riches en calcium ou en fer
15 mL de mélasse noire ou verte
15 mL de beurre de sésame

* Plusieurs enfants végétaliens, végétariens stricts ou macrobiotiques ont une croissance moins rapide, voire retardée comparativement à celle des autres enfants. On relie le problème à un manque de calories dû à une consommation souvent excessive d'aliments riches en fibres alimentaires. Ces aliments procurent une certaine satiété et ne permettent pas à l'enfant d'absorber suffisamment de calories.

On a aussi noté des problèmes de rachitisme chez ces enfants, à cause d'une insuffisance d'exposition au soleil et d'un manque de vitamine D dans leur alimentation. Pour prévenir ces problèmes qui peuvent causer une déformation permanente des os, on recommande un supplément de vitamine D pendant les mois d'hiver (voir charte des suppléments, page 254).

** Enrichir chaque portion de 250 mL de lait de soya avec 5 mL d'huile, 10 mL de cassonade et 10 mL de lactate de calcium en poudre, pour augmenter les calories et l'apport en calcium.

Utiliser ce lait dans la préparation de desserts, de soupes ou autres recettes demandant habituellement du lait de vache.

*** La grosseur des portions varie avec l'âge et avec l'appétit de l'enfant.

Les différents régimes

Lacto-ovo-végétarien
Produits laitiers, oeufs, céréales, légumineuses, noix, fruits et légumes.

Lacto-végétarien
Même genre de produits que le lacto-ovo-végétarien, sauf les oeufs.

Végétarien strict ou végétalien
Aliments d'origine végétale. Pas de lait ni d'oeufs, ni de produits dérivés de l'animal mort, comme bouillons et gélatine.

Macrobiotique
Peu d'aliments d'origine animale. Fruits et légumes de saison, produits céréaliers et aliments dits naturels. Quantité de liquide limitée, particulièrement aux repas.

CHRISTOFFEL, K: "A Pediatric Perspective on Vegetarian Nutrition". *Clinical Pediatrics,* 20(1981) Pages 632-643.

DWYER, J. *et al.* "Growth in New Vegetarian Preschool Children Using the Jenss-Bayley Curve Fitting Technique". *American Journal of Clinical Nutrition* 37(1983). Pages 815-827.

MACLEAN W.C et GRAHAM, G.G.: "Vegetarianism in Children". *American Journal of Disease in Childhood* 134(1980). Pages 513-519.

La question des suppléments

ON RAPPORTE CHAQUE ANNÉE PRÈS DE 4 000 CAS D'EMPOISONNEMENTS PAR VITAMINES AUX ÉTATS-UNIS, ET 80% DES CAS SURVIENNENT CHEZ DES ENFANTS...

NE PAS LAISSER LES SUPPLÉMENTS À LA PORTÉE DES TOUT-PETITS.

Au Québec, on rencontre plus de consommateurs de vitamines chez les moins de cinq ans que dans tous les autres groupes d'âge.

Presque un jeune enfant sur deux avale chaque jour un supplément quelconque pour compléter son alimentation ou pour d'autres raisons.

Tous ces enfants reçoivent-ils le supplément approprié et ont-ils vraiment besoin d'un supplément?

Certains prétendent que oui, d'autres pas!

Avant d'investir dans un supplément quel qu'il soit, il y a lieu de:

FAIRE LE BILAN DE L'ALIMENTATION DE L'ENFANT ET RÉPONDRE AUX QUESTIONS SUIVANTES:

- l'enfant mange-t-il tous les jours une certaine quantité de produits laitiers?
- mange-t-il régulièrement un peu de viande, du tofu ou des légumineuses?
- mange-t-il tous les jours un peu de fruits et de légumes ?
- mange-t-il tous les jours du pain de blé entier, une céréale entière ou enrichie?

FAIRE LE BILAN DE L'ÉTAT DE SANTÉ DE L'ENFANT ET RÉPONDRE AUX QUESTIONS SUIVANTES:

- l'enfant suit-il sa courbe de croissance pour la taille et le poids? (le médecin peut fournir la réponse à cette question)

- a-t-il une bonne résistance à l'infection et est-il généralement "en forme"?

Si vous répondez **oui** aux six questions précédentes, votre enfant n'a probablement pas besoin de suppléments.

Si vous répondez **non** à une ou plus d'une question:

- consultez les différents appendices sur les apports nutritionnels recommandés (ANR) ainsi que sur la gamme des suppléments disponibles
- lire la suite:

FAIRE LA NUANCE ENTRE UNE MULTIVITAMINE OU UNE MÉGADOSE

La multivitamine

- contient plusieurs vitamines
- contient quelquefois du fer et d'autres minéraux
- fournit une dose qui dépasse rarement cinq fois les apports nutritionnels recommandés (ANR)
- peut compléter une alimentation déficiente
- peut arrondir l'apport nutritionnel d'un enfant qui mange peu

La mégadose

- contient une vitamine ou plusieurs éléments nutritifs
- fournit des doses de 10 à 1 000 fois plus élevées que les apports nutritionnels recommandés (ANR)
- n'agit plus comme une vitamine
- produit d'autres effets pharmacologiques
- présente des risques et n'est pas recommandée pour le jeune enfant

---

ÉTABLIR AVEC L'AIDE DU MÉDECIN UNE STRATÉGIE ADAPTÉE À L'ENFANT:

- si l'enfant ne prend jamais de lait ou d'aliments riches en calcium pour diverses raisons(voir appendiceB.) songer à:

un supplément de calcium et de vitamine D (à considérer comme une mesure temporaire ou permanente, selon les raisons de la non-consommation de lait)

- si l'enfant n'avale aucun fruit ni légume ou si peu, songer à:

une multivitamine sans minéraux (à considérer comme une mesure temporaire tout en réajustant le menu de l'enfant)
- si l'enfant a mauvaise mine, est souvent malade, mange peu, songer à:

une multivitamine avec fer (à considérer comme une mesure temporaire, le temps de rétablir un meilleur état nutritionnel)
- si l'enfant est végétarien strict ou végétalien, songer à:

un supplément de calcium, de vitamine D et de vitamine B 12 (à considérer comme une mesure permanente)
- si l'enfant relève d'une maladie et manque d'appétit, songer à:

une multivitamine avec fer (à considérer comme une mesure temporaire, pour aider la convalescence)
- si l'eau de la municipalité ne contient pas ou contient peu de fluor, intégrer:

un supplément de fluor pour compléter le contenu de l'eau et favoriser une meilleure protection contre la carie dentaire (à considérer comme une mesure permanente jusqu'à l'âge de 16 ans, à ajuster toutefois selon le taux de fluor présent dans l'eau potable de la municipalité où l'enfant habite)

QUANTITÉ DE FLUOR À DONNER

Selon le taux de fluor présent dans l'eau potable *

	0,3 ppm	0,3-0, 7 ppm	0,7 ppm
avant 2 ans	0,25	0	0
2-3 ans	0,50	0,25	0
3-16 ans	1,00	0,50	0

* Pour connaître le contenu en fluor de l'eau locale, consulter l'unité sanitaire de la région.

Mise en garde:

CERTAINS SUPPLÉMENTS PEUVENT ÊTRE TOXI-
QUES

ne jamais donner à un enfant

- plus de 30 mcg (1 200 UI) de vitamine D par jour
- plus de 3 000 ER (10 000 UI) de vitamine A par jour
- plus de 1 mg de fluor par jour

PLUSIEURS SUPPLÉMENTS SONT ENROBÉS DE
SUCRE OU CONTIENNENT DU SUCRE

à donner à l'enfant avant de lui brosser les dents

PLUSIEURS SUPPLÉMENTS CONTIENNENT DES
SAVEURS ET COLORANTS ARTIFICIELS

- si l'enfant a des troubles allergiques, vérifier l'identité des
  substances ajoutées auprès du pharmacien ou de la
  compagnie pharmaceutique; éviter la tartrazine (jaune
  no 5) et l'érythrosine (rouge no 3) en particulier.

COMMITTEE ON NUTRITION. ACADEMY OF PEDIATRICS. "Vitamin and
Mineral Supplement Needs in Normal Children in the United States". *Pediatrics*. 66(1980) Pages 1015-1021.

COMMITTEE ON NUTRITION. AMERICAN ACADEMY OF PEDIATRICS.
"Fluoride Supplementation: Revised Dosage Schedule". *Pediatrics* 63(1979).
Pages 150-152.

CONSEIL DES AFFAIRES SOCIALES ET DE LA FAMILLE. *Médicaments ou
potions magiques*. Québec, Gouvernement du Québec, 1982.

DUBICK M.A. et RUCKER, R.B. "Dietary Supplements and Health Aids — A
Critical Evualuation Part 1". *Journal of Nutrition Education*, 15(1983). Pages
47-52.

HERBERT, J. "Le traitement mégavitaminique". *Médecine Moderne du Canada*, 33(1978). Pages 498-500.

MARSHALL, C.W.: *Vitamins and Minerals*. Philadelphia, George F. Stickley,
1983.

VOBECKY, J. "État vitaminique de l'enfant". Université de Sherbrooke, 1983.

Chapitre 2

Les bobos, la prévention et/ou l'intervention alimentaire

"Les aliments sont des substances qui, soumises à l'estomac, peuvent s'animaliser par la digestion et réparer les pertes que fait le corps...."

Brillat-Savarin.
Physiologie du goût

Les allergies alimentaires

C'est

- un phénomène mal compris, encore au coeur de nombreuses controverses;
- une réation de défense de l'organisme de certains individus contre l'agression de certains aliments:
  a) la réaction peut être *immédiate*, genre de petite explosion intérieure qui désorganise temporairement les muscles, les vaisseaux sanguins, la peau, les glandes du nez ou une autre partie du corps;
  b) la réaction peut être plus subtile et se manifester *à retardement* suite à la consommation régulière d'un aliment.

Certains allergistes parlent alors d'intolérances plutôt que de vraies allergies.

En pratique, les deux types de réaction commandent souvent des solutions communes.

Incidence

- plus élevée chez les enfants de famille ayant des troubles d'allergies alimentaires; parents, grands-parents, frères, soeurs, cousins;
- plus élevée et plus marquée avant l'âge de six ans.

Malaises observés

Il y a une foule de malaises qui peuvent être reliés à des allergies alimentaires; quelquefois, plus d'un malaise se manifeste chez le même enfant.

- malaises au niveau du tube digestif:
  vomissements
  diarrhées
  constipation
  ballonnements
  crampes
- malaises au niveau de la peau:
  urticaire
  eczéma
  cernes sous les yeux
- malaises respiratoires:
  asthme
  nez bouché "chronique"
  irritation chronique de la gorge
- autres malaises:
  maux de têtes chroniques
  fatigue musculaire
  irritabilité
  problèmes de comportement
- l'hyperactivité peut occasionnellement être une manifestation reliée à des allergies alimentaires (voir pages 129 à 133).

IL N'EST TOUTEFOIS PAS SAGE DE CONCLURE À UNE ALLERGIE SANS AVOIR SUBI UN BON EXAMEN MÉDICAL.

PLUSIEURS DES MALAISES CATALOGUÉS PEUVENT AVOIR D'AUTRES CAUSES QUE DES ALLERGIES ALIMENTAIRES

(voir: problèmes de digestion du lait,
       gastro-entérite,
       diarrhée chronique).

Aliments les plus suspects :

(les plus souvent associés à des problèmes d'allergie)

- le lait et les produits laitiers
- le chocolat et le cola
- les agrumes
- les légumineuses, y compris le soya, les arachides
- le maïs, y compris l'huile de maïs et la fécule de maïs
- les oeufs
- les tomates
- le blé
- la cannelle
- parmi les colorants alimentaires: la tartrazine et l'amarante

Les aliments d'une même famille "botanique" sont à surveiller :

- lorsqu'on note une allergie à l'orange, il peut se produire des malaises avec les autres fruits de la famille des agrumes, tels le pamplemousse, le citron,le kumquat, les tangerines, les mandarines, les clémentines;

- lorsqu'on parle de la famille des "graminés", on parle de toutes les céréales (blé, avoine, riz, millet, orge, seigle) sauf le sarrasin.

Comment dépister l'allergie :

AVANT DE CONCLURE À UNE ALLERGIE ALIMENTAIRE, ON DOIT ÉLIMINER TOUTES LES AUTRES CAUSES POSSIBLES.

- noter l'histoire des allergies dans la famille, remontant aux grands-parents et allant même jusqu'aux cousins germains; deux parents allergiques ont de fortes chances d'avoir des enfants allergiques;
- subir un bon examen général afin de vérifier la courbe de croissance de l'enfant, son gain de poids, sa résistance à l'infection, son alimentation actuelle, ses habitudes de sommeil, sa formule sanguine;

6 5

- revoir certains aspects de l'environnement de l'enfant; sa routine quotidienne, ses "stress";

- noter tout le contexte du ou des malaises observés : quel aliment est suspect; après combien de temps le malaise s'est-il manifesté; se produit-il fréquemment, chaque fois que l'aliment est consommé?

On peut ensuite avoir recours à des tests d'allergie cutanés ou sous la langue, mais ces tests ne sont pas encore très fiables quand il s'agit d'allergies "alimentaires".

Après toutes ces étapes, la procédure la plus "douce" et la moins coûteuse consiste à planifier *un régime d'élimination.*

AU LIEU DE SE LANCER SUR DES PISTES "UNIQUES" D'UN SEUL ALIMENT À LA FOIS ET D'AVOIR À RECOMMENCER INDÉFINIMENT UN AUTRE RÉGIME D'ÉLIMINATION, ON CONSEILLE D'ÉLIMINER EN BLOC TOUS LES ALIMENTS "LES PLUS SUSPECTS" ET D'ÉTABLIR UNE FOIS POUR TOUTES LE MENU DE L'ENFANT.

Le régime d'élimination

1. Éliminer pour une période de dix jours une première série d'aliments suspects. Pour ce faire, retirer du menu de l'enfant:

- le lait et tous les produits laitiers

- tous les aliments contenant des oeufs

- tous les aliments contenant du blé, du seigle (pain, pâtes, céréales de blé)

- le chocolat et les colas

- les aliments avec colorants, y compris le bacon, la saucisse et la charcuterie (voir page 156)

- les aliments contenant du maïs, y compris l'huile de maïs, les flocons de maïs, la fécule de maïs, le sirop de maïs, la margarine à l'huile de maïs

2. Avec l'aide du médecin ou d'une diététiste, planifier un menu équilibré en tenant compte des aliments éliminés et des besoins nutritifs de l'enfant. Planifier autour des aliments les mieux tolérés ou très rarement reliés à des allergies alimentaires:

- *parmi les légumes*: betteraves, épinards, brocoli, chou, chou-fleur, navet, choux de Bruxelles, courges, laitue, carottes, céleri, patate douce
- *parmi les fruits*: prunes, cerises, abricots, canneberges, bleuets, figues, papaye, avocat, rhubarbe
- *parmi les viandes*: poulet, dinde, agneau, lapin, oie, gibier
- *parmi les céréales*: sarrasin, pain sans gluten

Toute la famille peut adopter ce nouveau menu pour en faciliter l'acceptation par l'enfant.

3. Noter quotidiennement les réactions de l'enfant ainsi que tout ce qu'il mange et boit, aux repas et entre les repas.

4. À la fin des dix jours, redonner un aliment "éliminé" par jour; le lendemain on change d'aliment; noter toutes les réactions de l'enfant.

Si les symptômes réapparaissent, attendre un à deux jours avant de redonner un autre aliment éliminé.

5. Répéter toute l'expérience une deuxième fois *mais pas plus*, si les résultats sont douteux.

6. Si l'enfant éprouve encore des malaises, procéder à d'autres examens ou à d'autres éliminations alimentaires sous surveillance médicale.

N.B. L'enfant qui a des allergies alimentaires peut aussi avoir d'autres allergies qu'il faut également contrôler avant que les symptômes disparaissent.

Traitement à long terme

La condition de l'enfant s'améliore souvent jusqu'à un certain point grâce à l'élimination de certains aliments mais la disparition complète des malaises n'est pas toujours obtenue.

Lorsqu'on a mis le doigt sur l'aliment ou les aliments coupables et qu'un progrès est noté, il s'agit de:

1. Bien remplacer les aliments éliminés par d'autres aliments aussi nutritifs:

- si on élimine tous les produits laitiers, fournir à l'enfant suffisamment d'aliments riches en calcium pour répondre à ses besoins (voir page 46);

- si on élimine les oeufs, intégrer d'autres sources de protéines au menu;
- si on élimine le blé, développer des recettes à base de farine de sarrasin, de riz brun ou d'orge, de flocons d'avoine pour intégrer des céréales au menu;
- si on élimine le maïs, lire attentivement les étiquettes pour éviter systématiquement cet ingrédient qui se trouve dans une foule d'aliments;
- si on élimine le chocolat, cuisiner avec la "caroube" et donner une saveur attrayante aux biscuits ou aux boissons;

2. Planifier un nouveau menu en expliquant à l'enfant les buts de ces changements et selon son âge, lui en faire partager la responsabilité;

3. Adapter, dans la mesure du possible, ce nouveau menu à toute la famille pour ne pas isoler l'enfant dans son "petit monde d'allergies";

4. Préparer les aliments à partir des ingrédients de base pour bien contrôler tout ce qui entre dans les mets;

5. Environ tous les six mois, redonner une petite quantité d'un aliment "problème" et noter de près les réactions de l'enfant. Si l'enfant réagit bien, réintégrer graduellement l'aliment; sinon, laisser tomber pour six autres mois. Si l'allergie donne lieu à des manifestations très fortes, mieux vaut procéder à ces "vérifications" dans le bureau du médecin.

Les circonstances difficiles

- **Les fêtes d'enfant:** avertir la personne qui reçoit pour ne pas gêner l'enfant face aux autres et lui remettre si nécessaire son morceau de gâteau "pas au chocolat", ses petits bonbons "sans colorant"... Si l'enfant doit faire face à une série d'aliments "interdits", prendre l'habitude de lui promettre une récompense à son retour à la maison, pour que la fête demeure une fête dans sa tête!
- **Les repas au restaurant:** faire une "présélection" de menus de restaurant sans l'enfant pour être assuré de la présence d'aliments sans problème; il vaut mieux rester chez soi que de transformer une "sortie" en une occasion de larmes ou de frustration.

- **Pâques et le chocolat:** trouver une autre "super-surprise" pour toute la famille afin d'éliminer en douceur l'association fête et chocolat.
- **Des pique-niques en groupe:** en cas de doute, donner à l'enfant une grande quantité d'aliments permis, pour qu'il puisse partager "ses" aliments avec les autres et ne pas se sentir à l'écart de la "fête".

Support additionnel

Consulter l'appendice C pour trouver une liste de livres plus spécialisés, des centres de ressources pour personnes allergiques et des aliments spéciaux disponibles au Québec et au Canada.

BAHNA S.L. *et al.* "Food Allergy: Diagnosis and Treatment." *Annals of Allergy*, 51(1983). Pages 574-580.

BIERMAN, W.C *et al.* "Food Allergy." *Pediatrics in Review*, 3(1982). Pages 213-220.

CROOK, W.G. "Food Allergy, the Great Masquerader." *Pediatric Clinics of North America*, 22(1975). Pages 227-239.

CROOK, W.G. "Tracking Down Hidden Food Allergy." *Professional Books*, Tennessee, 1978.

CROOK, W.G. "What is Scientific Proof?" *Pediatrics*, 65 (1980). Pages 638-639.

DENMAN, A.M. "Nature and Diagnosis of Food Allergy." *Proceedings of the Nutrition Societies*, 38(1979). Pages 391-402.

FOUCART, T. "Developmental Aspects of Food Sensitivity in Childhood." *Nutrition Reviews*, 42(1984). Pages 98-104.

SPEER, F. "Multiple Food Allergy." *Annals of Allergy,* 34(1975). Pages 71-76.

PROBLÈME

MENU RÉGULIER

DÉJEUNER:

Jus d'orange
céréales de blé avec lait
1/2 rôtie
lait 2%

COLLATION:

cube de *fromage*

DÎNER:

sandwich aux *oeufs*
crudités
jello aux fruits
lait 2%

SOLUTION

MENU D'ÉLIMINATION JOUR 1

jus de pomme
granola spécial avec
lait aux amandes ou de soya
1/2 banane

crudités: carottes, piment, céleri
trempette au tofu

jus de tomate
salade de thon et riz
gelée aux fruits frais
lait de soya ou aux amandes

SOLUTION

MENU D'ÉLIMINATION JOUR 2

galette de sarrasin
compote printemps
lait aux amandes ou de soya
6 oz/180 mL

muffin banane-amande

soupe aux lentilles et
aux pommes
biscuit de riz
salade de légumes crus
gelée au jus de raisin

70

COLLATION:

biscuit aux brisures de chocolat

1/2 banane

SOUPER:

pâté au poulet
petite salade verte, vinaigrette à
l'huile de maïs
gâteau renversé aux pommes
lait 2%

poulet grillé ou rôti
pomme de terre au four
salade de chou avec vinaigrette
à l'huile de tournesol
compote de pommes
lait de soya ou aux amandes

1/2 poire

paella aux crevettes
petite salade de brocoli
ou de chou-fleur
gâteau à la caroube
lait de soya ou aux amandes

COLLATION:

boisson à saveur de fruit

Aliments en italique: source du problème
Aliments en caractères gras: recette présentée dans le livre

71

L'anémie

Avant-propos

- Même si on observe environ quatre formes d'anémie chez l'enfant, on ne traite ici que de l'anémie "ferriprive" c'est-à-dire celle qui est associée à un manque de fer dans l'alimentation, car c'est la forme la plus répandue chez les tout-petits;
- les risques de déficience en fer sont élevés au cours de la croissance car le corps et le cerveau de l'enfant exigent beaucoup de fer pour bien grandir et bien fonctionner;
- environ 70% du fer présent dans l'organisme se trouve dans l'hémoglobine: ce fer sert à transporter et à distribuer l'oxygène à toutes les cellules du corps.

C'est

- un problème qui se mesure par une diminution de la quantité d'hémoglobine dans le sang; lorsqu'il y a moins d'hémoglobine, le transport et l'utilisation de l'oxygène s'effectuent au ralenti;
- un déficit en fer qui affecte non seulement la qualité du sang mais d'autres fonctions du corps y compris la capacité d'apprentissage, l'attitude générale face au monde extérieur.

Incidence

- déficience très répandue chez l'enfant d'âge préscolaire des pays industrialisés et des pays en voie de développement;
- au Canada, près d'un enfant sur deux manque de fer au menu... avant l'âge de 5 ans.

Grande vulnérabilité

- entre 6 mois et 3 ans, soit lorsque les réserves de fer héritées à la naissance s'épuisent jusqu'à l'époque d'une alimentation plus variée et plus généreuse;

72

- l'enfant prématuré ou très petit à la naissance est plus vulnérable que l'enfant né à terme ou de poids moyen;
- à l'adolescence.

Symptômes

- fatigue chronique, pâleur, perte d'appétit;
- faible gain de poids, irritabilité;
- ongles "concaves" au lieu d'être convexes;
- langue très rouge et douloureuse;
- consommation "impulsive" de glace ou d'autres substances non alimentaires;
- manque d'intérêt pour le monde extérieur;
- diminution de la capacité d'apprentissage;
- pour vérifier si ces symptômes résultent vraiment d'une déficience en fer, le médecin peut recommander de faire une prise de sang pour mesurer l'hémoglobine et le degré de saturation de la transferrine.

Causes

- un manque de fer dans l'alimentation car, pour répondre à une forte demande et compte tenu de ses réserves assez précaires, l'enfant dépend énormément des aliments comme source de fer; l'adulte peut recycler 95% du fer déjà présent dans son organisme tandis que l'enfant n'en recycle que 70%;
- une mauvaise absorption du fer causée par des combinaisons alimentaires inadéquates;
- une consommation trop abondante de lait, qui, d'une part, diminue la possibilité de manger suffisamment d'aliments riches en fer et, d'autre part, nuit à l'absorption du fer, de par sa composition.

Traitement

- pour éliminer rapidement les symptômes et refaire les réserves de l'enfant, le médecin prescrit habituellement un supplément de fer sous forme de "sulfate ferreux";
- on peut donner le supplément au lever et au coucher puisqu'il est mieux absorbé à jeun;
- pour éviter la coloration des dents, on le donne sur le dos de la langue;

- la majorité des symptômes disparaissent en l'espace de quelques jours tandis que les réserves de fer prennent quelques mois pour atteindre un niveau satisfaisant; il faut donc maintenir le supplément un ou deux mois après que l'hémoglobine sera revenue à la normale;
- pendant ce temps, réajuster graduellement le menu de l'enfant pour lui fournir plus de fer par l'intermédiaire des aliments (voir l'ABC de la prévention).

Effets secondaires des suppléments

- quelques enfants peuvent exceptionnellement éprouver des problèmes ou malaises gastro-intestinaux mais le phénomène est rare;
- *attention aux trop fortes doses;* les suppléments de fer en comprimés constituent la deuxième cause d'empoisonnement accidentel chez les jeunes enfants, après les aspirines; il vaut mieux tenir les suppléments hors de leur portée!

L'ABC de la prévention

- l'anémie est un problème relativement facile à prévenir: il s'agit de prévoir au menu de l'enfant des aliments riches en fer, dès l'introduction des aliments solides;
- puisque la deuxième année de vie correspond à une des périodes les plus vulnérables, conserver au menu les céréales pour bébés enrichies de fer; servir telles quelles, avec des fruits, des légumes, ou incorporées dans des soupes, des potages ou des desserts;
- offrir une ou deux fois la semaine un plat à base de foie ou de rognons; choisir du foie très frais, plus agréable au goût;
- servir souvent des légumineuses (pois chiches, haricots blancs, etc.) en purée, en soupe ou en trempette;
- offrir du pain de blé entier de préférence au pain blanc;
- incorporer des fruits secs, du germe de blé ou du son de blé à des recettes de muffins ou de pain;
- faire des gelées à base de jus de pruneaux;
- limiter la consommation de lait à 750 mL (24 oz) par jour;

- éviter la consommation d'aliments pauvres en fer comme les bonbons et les boissons gazeuses;
- servir un fruit ou un légume riche en vitamine C à chaque repas pour augmenter l'absorption du fer (voir page 76).

Aliments qui aident à l'absorption du fer

- une petite quantité de viande, de poisson ou de volaille aide à l'absorption du fer contenu dans les légumes et les produits céréaliers;
- les fruits et les légumes riches en vitamine C.

Aliments qui nuisent à l'absorption du fer

- le thé;
- le lait et les produits laitiers pris en trop grande quantité;
- les aliments riches en fibres alimentaires, pris en trop grande quantité;
- les oeufs;
- les antiacides et certains antibiotiques.

DALLMAN, P.R. *et al.* "Iron Deficiency in Infancy and Childhood". *The American Journal of Clinical Nutrition,* 37 (1980). Pages 86-118.

DALLMAN, P.R. *et al.* "Prevalence and Causes of Anemia in the United States, 1976-1980". *American Journal of Clinical Nutrition,* 39 (1984). Pages 437-445.

DEINARD, A. *et al.* "Iron Deficiency and Behavioral Defects". *Pediatrics,* 68 (1981). Pages 828-833.

LIEBEL, R.L. "Behavioral and Biochemical Correlates of Iron Deficiency". *Journal of the American Dietetic Association,* 71 (1977). Pages 398-404.

OSKI, F.A. *et al.* "The Effects of Therapy on the Developmental Scores of Iron Deficient Infants". *Journal of Pediatrics,* 92 (1978). Pages 21-25.

OSKI, F.A. et STOCKMAN, J.A. "Anemia due to Inadequate Iron Sources or Poor Iron Utilization". *Pediatrics Clinics of North America,* 27 (1980). Pages 237-252.

OSKI, F.A. "Unusual Manifestations of Iron Deficiency". *Nutrition & the MD VIII,* (juin 1982).

POLLETT, E. *et al.* "Significance of Bayley Scale Score Changes Following Iron Therapy". *Journal of Pediatrics,* 92 (1978). Pages 177-178.

PROBLÈME

MENU PAUVRE EN FER	FER
DÉJEUNER:	
jus d'orange (4 oz/125 mL)	0,1 mg
céréales raffinées (1/2 tasse/125 mL)	0,4 mg
lait 2% (4 oz/125 mL)	
1/2 tranche de pain blanc grillé	0,3 mg
avec confiture	
COLLATION:	
1 biscuit sandwich	0,1 mg
DÎNER:	
soupe poulet-nouilles (1/2 tasse/125 mL)	0,3 mg
1/2 tranche de pain blanc	0,3 mg
fromage (1 oz/30 g)	0,2 mg
jello aux fraises	—
1 verre de lait 2% (4 oz/125 mL)	—

SOLUTION

MENU RICHE EN FER	FER
1 demi- pamplemousse	0,5 mg
crème de blé enrichie (1/3 tasse/80 mL)	5,2 mg
1 verre de lait 2% (6 oz/180 mL)	
bâtonnets de céleri	0,2 mg
soupe aux lentilles (1/2 tasse/125 mL)	2,5 mg
bâtonnets de carottes	0,5 mg
1/2 tranche de pain blé entier	0,4 mg
1 petite orange	0,4 mg
1 verre de lait 2% (4 oz/125 mL)	—

COLLATION:

1 biscuit aux brisures de chocolat	0,1 mg

1/2 poire	0,2 mg

SOUPER:

pâté chinois	2,1 mg
petit gâteau	0,3 mg
1 verre de lait 2% (6 oz/125 mL)	———

petits pains vitaminés	9 mg
1/2 pomme de terre avec pelure	0,4 mg
bouquets de brocoli	0,4 mg
compote de pommes	0,6 mg
1 verre de lait 2% (6 oz/125 mL)	———

4,2 mg	20,3 mg

Aliments en caractères gras: recette présentée dans le livre

L'athérosclérose

*L'ENFANT NORD-AMÉRICAIN QUI NAÎT AUJOUR-
D'HUI A UNE CHANCE SUR TROIS D'AVOIR UN
PROBLÈME CARDIO-VASCULAIRE AVANT L'ÂGE
DE 60 ANS.*

C'est

- un mal qui tue chaque année plus de Canadiens que n'importe quelle autre maladie, même si la courbe des décès dus aux maladies cardio-vasculaires a fléchi depuis le début des années 70;

- une accumulation de gras durci le long de la paroi des artères qui empêche le sang de circuler normalement;

- un problème qui se prépare silencieusement pendant au moins quarante ans avant de se manifester au grand jour par une "crise cardiaque";

- *une affaire de famille et d'environnement* puisqu'une famille partage non seulement des gènes mais des "habitudes de vie" qui préparent le terrain à la catastrophe coronarienne. Il a été constaté que les membres d'une même famille, (parents, frères et soeurs) ont un taux semblable de cholestérol et de gras dans le sang tant qu'ils habitent la même maison. Cette similitude s'atténue lorsqu'ils ne vivent plus sous le même toit.

L'enfant vulnérable:

N.B. La "vulnérabilité" n'indique qu'un niveau de risque plus élevé pour le développement d'un problème cardio-vasculaire et non pas une prédiction assurée.

"Vulnérable" est l'enfant dont l'un des parents ou grands-parents a eu un infarctus ou un taux de cholestérol trop élevé avant l'âge de 50 ans.

"Vulnérable" aussi est l'enfant élevé dans une famille de fumeurs, de sédentaires et de gros mangeurs de viande et de gras, sans histoire familiale d'athérosclérose.

Évolution du problème

La composition même du sang ainsi que la silhouette des vaisseaux sanguins changent au fil des ans et reflètent en quelque sorte les habitudes de vie et le bagage génétique de chacun.

Lorsqu'un enfant est "vulnérable", la progression peut se faire de la façon suivante:

• avant la vingtaine, on voit apparaître des stries de graisse dans ses artères;

• avant la trentaine, on constate la formation de plaques fibreuses qui rétrécissent graduellement ses artères;

• vers quarante ans, chez l'homme en particulier, c'est le durcissement et l'épaississement de la plaque qui encombrent l'artère, la bloquent et causent les accidents cardiaques; chez la femme, cet aboutissement est retardé jusqu'après la ménopause.

L'ABC de la prévention

Les recherches sont encore trop jeunes pour garantir des bénéfices à long terme d'un programme de prévention dès la petite enfance.

Aucune étude n'a pu démontrer jusqu'à présent les avantages d'une consommation excessive de cholestérol, de gras saturé, de sucre, de calories, ainsi que de l'absence d'exercice et de l'usage du tabac!

D'autre part, l'étude des Lipid Research Clinics publiée en 1984 (la plus importante dans le domaine) montre qu'une réduction du cholestérol sanguin contribue à une réduction des problèmes cardiaques, particulièrement chez les individus vulnérables.

L'OBJECTIF DE LA PRÉVENTION N'EST PAS DE DIMINUER LE TAUX DE CHOLESTÉROL SANGUIN DE FAÇON SIGNIFICATIVE CHEZ L'ENFANT MAIS DE FACILITER L'ADOPTION DE BONNES HABITUDES DE VIE.

IL EST PLUS FACILE D'APPRENDRE À BIEN MANGER AVANT 6 ANS ET À VIVRE SAGEMENT QUE DE SE CONVERTIR À 40 ANS!

Le programme proposé sous-entend une approche "familiale" et englobe dans la mesure du possible tous les intervenants les plus immédiats comme les grands-parents, les gardiennes, la garderie.

L'attitude des personnes entourant l'enfant quotidiennement a bien plus d'impact que les plus beaux discours.

La prévention comprend:

1) un examen médical annuel pour surveiller:

- la courbe de croissance de l'enfant;
- la pression sanguine après 3 ans;
- les taux de gras dans le sang si l'histoire familiale l'exige * ;

2) une alimentation pauvre en graisses "saturées" et en cholestérol, riche en protéines d'origine végétale et en fibres alimentaires; il ne s'agit pas d'éliminer toutes les graisses saturées et tout le cholestérol mais d'en modérer la consommation, c'est-à-dire la rendre inférieure à celle qui caractérise le menu moyen nord-américain;

3) de l'exercice physique pratiqué en famille ou en groupe pour le plaisir et la santé; développer chez l'enfant le goût de certaines activités qui se pratiquent à tout âge comme la marche, la danse, le patin, la bicyclette;

4) une campagne subtile "anti-tabac" puisque les fumeurs ont trois fois plus de chances d'avoir des problèmes cardiovasculaires, particulièrement s'ils commencent à fumer avant 20 ans.

Aliments riches en graisses saturées

- beurre , lard, saindoux, shortening
- margarines fortement "hydrogénées"

* Si l'enfant est déclaré "hypercholestérolémique" dès ses premières années de vie, il doit suivre un traitement rigoureux pour contrôler sa condition et non seulement prévenir les problèmes futurs.

- boeuf, agneau, porc, charcuterie, oie, canard, mouton
- fromages préparés avec du lait entier
- huile de coco et huile de palme
- chocolat, poudre de cacao, noix de coco
- substituts de crème contenant de l'huile de coco ou de palme
- jaune d'oeuf
- pâtisseries préparées avec les ingrédients mentionnés ci-dessus
- lait entier, yogourt préparé avec du lait entier

Valeur comparative du cholestérol dans certains aliments

100 g (3 1/2 oz) de viandes cuites: boeuf, agneau, porc, veau = 95 mg

100 g (3 1/2 oz) de volailles cuites: poulet, dinde = 78 mg

100 g (3 1/2 oz) de poissons cuits: aiglefin, sole, thon en conserve, saumon = 54 mg

soit près de *2 fois moins de cholestérol* dans les poissons que dans les viandes

250 mL (8 oz) de lait entier = 33 mg

250 mL (8 oz) de lait partiellement écrémé = 18 mg

250 mL (8 oz) de lait écrémé = 4 mg

soit *8 fois moins de cholestérol* dans le lait écrémé que dans le lait entier et près de 2 fois moins dans le lait partiellement écrémé

30 g (1 oz) de fromage de type cheddar, camembert, gruyère = 30 mg

30 g (1 oz) de fromage au lait partiellement écrémé genre mozzarella au lait 2% = 16 mg

soit *2 fois moins de cholestérol* dans un fromage fait de lait partiellement écrémé

113 g (1/2 tasse) de fromage cottage crémeux = 17 mg

113 g (1/2 tasse) de fromage cottage à 1% de gras = 5 mg

PROBLÈME

MENU RICHE EN CHOLESTÉROL	CHOLES-TÉROL
DÉJEUNER:	
une orange en quartiers	
oeuf à la coque	250 mg
pain grillé avec beurre	35 mg
un verre de lait entier	34 mg
(8 oz/250 mL)	
DÎNER:	
bâtonnets de carottes	
minipizza avec jambon	
et cheddar	60 mg
banane	
un verre de lait entier	34 mg
(8 oz/250 mL)	

SOLUTION

MENU PAUVRE EN CHOLESTÉROL	CHOLES-TÉROL
une orange en quartiers	
un bol de céréales à grains	
entiers avec 4 oz/125 mL de	
lait 2%	
muffin au son et beurre d'arachide	9 mg
verre de lait 2% (8 oz/250 mL)	21 mg
	18 mg
bâtonnets de carottes	
minipizza avec fromage	
au lait partiellement	
écrémé	32 mg
compote miracle	
un verre de lait 2%	18 mg
(8 oz/250 mL)	

82

SOUPER:

jus de légumes	
3 oz (90 g) de *boeuf* haché	90 mg
pomme de terre avec *beurre*	12 mg
brocoli avec *beurre*	12 mg
cossetarde	105 mg
1 verre de lait *entier*	34 mg
(8oz/250 mL)	
	666 mg

jus de légumes	
filet de sole en papillote	
(3 oz/90 g)	50 mg
pomme de terre au four	
avec yogourt à la	
ciboulette	1 mg
brocoli nature	
gelée aux fraises	
un verre de lait 2%	18 mg
(8 oz/250 mL)	
	167 mg

Aliments en caractères gras: recette présentée dans le livre

NOTE: une consommation inférieure à 400 mg de cholestérol par jour est considérée saine par le Comité sur le régime alimentaire et les maladies cardio-vasculaires, Santé et Bien-être social, Ottawa, 1977.

* Les aliments qui sont imprimés en italique contiennent du cholestérol.

soit *3 fois moins de cholestérol* dans un fromage cottage de lait 1%

66 g (1/2 tasse) de crème glacée = 30 mg
66 g (1/2 tasse) de lait glacé = 9 mg

soit *3 fois moins de cholestérol* dans le lait glacé que dans la crème glacée

15 mL (1 c. à soupe) de beurre = 35 mg
15 mL (1 c. à soupe) de margarine ou d'huile = 0
15 mL (1 c à soupe) de mayonnaise = 10 mg
15 mL (1 c à soupe) de crème sure = 5 mg
15 mL (1 c à soupe) de yogourt nature = 1 mg

Remplacer le beurre par de l'huile et de la margarine peu ou pas hydrogénée, la crème sure par du yogourt nature veut dire faire de petites économies répétées de cholestérol.

BRESLOW, J.L. "Pediatric Aspects of Hyperlipidemia". *Pediatrics*, 62(1978). Pages 510-520.

GLUECK, C.J. "Detection of Risk Factors for Coronary Artery Disease in Children: Semmelweis Revisited?" *Pediatrics*, 66(1980). Pages 834-836.

GLUECK, C.J. "Cradle-to-Grave Atherosclerosis; High Density Lipoprotein Cholesterol". *Journal of the American College of Nutrition*, 1(1982). Pages 41-48.

LIPID RESEARCH CLINICS PROGRAM. "The Lipid Research Clinics Coronary Primary Prevention Trial Results". *Journal of the American Medical Association*, 251(1984). Pages 351-364.

MORRISSON, J.A. *et al.* "Parent-Child Association at Upper and Lower Ranges of Plasma Cholesterol and Triglyceride Levels". *Pediatrics*, 62(1978). Pages 468-477.

ROY, C. "Diet and Atherosclerosis in Pediatrics". *Proceedings of the International Symposium*, U. de Montréal, 1979.

VOLLER, R.D. et STRONG, W.B. "Pediatric Aspects of Atherosclerosis". *American Heart Journal*, 101(1981). Pages 815-836.

La carie dentaire

C'est

- un mal répandu chez 98% de la population;
- un problème relativement facile à prévenir ou du moins à réduire;
- le début de la destruction de la dent, allant de l'émail vers la racine;
- une condition qui peut entraîner des infections, des troubles de mastication et de langage, et plusieurs heures de douleurs;
- un problème qui peut nécessiter l'extraction d'une dent primaire, extraction pouvant par la suite nuire à la position des dents permanentes.

Incidence

- à 3 ou 4 ans, 40 à 55% des enfants ont déjà une carie;
- à 12 ans, on note une moyenne de 5 caries;
- à l'âge adulte, 39% des femmes et 21% des hommes n'ont plus aucune dent... dans la province de Québec.

Périodes de grande vulnérabilité

- entre 4 et 8 ans: caries des dents temporaires;
- entre 11 et 18 ans: caries de l'adolescence;
- entre 55 et 65 ans: caries de la racine.

Développement normal des dents

Les premières dents aussi bien que les dents permanentes sont en place sous la gencive bien avant d'apparaître dans la bouche; elles résultent d'un long travail *invisible:*

- dans un premier temps qui s'étend de la période prénatale jusqu'à l'âge de 8 ans, les minéraux se rassemblent et se cristallisent à l'intérieur de la gencive, et se préparent pour l'éruption; les premières dents se développent jusque vers l'âge de 2 ans, et les dents permanentes jusque vers l'âge de 13 ans;

• dans un deuxième temps, la dent perce la gencive; l'émail neuf qui recouvre cette nouvelle dent est très vulnérable au milieu environnant.

Plusieurs éléments nutritifs dont les protéines, les vitamines A et C, le calcium, le phosphore, la vitamine D et le fluor travaillent de l'intérieur tout au long de l'enfance et au début de l'adolescence et contribuent à la formation de bonnes dents permanentes.

Historique d'une carie

La bouche renferme normalement une certaine quantité de microbes qui sont éliminés par un bon brossage de dents.

Si on néglige "le bon brossage", les microbes se multiplient et recouvrent certaines dents d'une mince pellicule transparente et collante appelée "plaque dentaire".

Cette "plaque" agit comme un filtre qui laisse passer le sucre et favorise sa transformation en acides; à leur tour, les acides perforent l'émail de la dent et permettent l'invasion des bactéries vers l'intérieur, soit le développement de la carie.

Causes de la carie

Multiples et complexes dont:

• une consommation fréquente d'aliments contenant du sucre;

• une mauvaise hygiène dentaire; brossage inadéquat et peu fréquent;

• une mauvaise résistance de la dent;

• une action inefficace de la salive.

Aliments et médicaments problèmes

• les bonbons, les sucres raffinés et les confitures;

• les aliments naturellement riches en sucre tels les fruits secs, le miel, la mélasse, le sirop d'érable et bien d'autres;

- les biscuits, les pains, les gâteaux et les boissons sucrées consommés souvent entre les repas;
- les sirops contre la toux ou autres médications liquides contenant du sucre (voir appendice B, page 259), et qui doivent être pris plusieurs fois par jour ou au coucher.

Première visite chez le dentiste

- vers l'âge de trois ans.

Brossage des dents

- à entreprendre en collaboration avec un adulte, puis avec son encouragement;
- idéalement, après chaque repas;
- un minimum de deux fois par jour.

Pâte dentifrice

- pas essentielle;
- peut améliorer légèrement la résistance de la dent; lors - qu'elle contient des fluorures;
- peut être utile si elle encourage le brossage car les enfants en apprécient la saveur...

Mode d'action du fluor

Le fluor fait équipe avec les autres minéraux qui entrent dans la composition de la dent; il contribue à la formation d'un émail plus résistant à la carie;
- le fluor semble avoir aussi le pouvoir de réparer l'émail partiellement décalcifié;
- le fluor appliqué topiquement sur les dents dérange l'organisation interne des microbes et ralentit la formation de la plaque dentaire.

Eau fluorée ou suppléments de fluor?

- efficacité comparable, si les suppléments sont pris régulièrement jusqu'à l'âge de 13, 14 ans;
- l'un ou l'autre moyen capable de réduire le taux de carie jusqu'à 60%.

Quantités recommandées de fluor

Âge	Taux ajusté, en milligrammes de fluor par jour*		
	Concentration du fluor dans l'eau potable (ppm)		
	0,0 à 0,3	0,3 à 0,7	0,7 (1)
6 mois à 2 ans	0,25 mg	0,00	0,00
2 à 3 ans	0,50 mg	0,25	0,00
3 à 14 ans	1,00 mg	0,50	0,00

* 2,2 mg de fluorure de sodium contiennent 1 mg de fluor.
(1) lorsque l'eau potable de la municipalité est additionnée de fluor.

Fils de soie dentaire

- à utiliser après 3 ans;
- une fois par jour;
- avec l'assistance d'un adulte jusque vers l'âge de huit ans.

Vaccin contre la carie?

Des recherches effectuées en Angleterre en particulier laissent présager l'utilisation éventuelle d'un vaccin anti-caries, efficace pour une durée d'au moins deux ans. ''Mais, d'ajouter un des inventeurs, les hommes devront continuer à se brosser les dents car le vaccin n'aura aucun effet sur les caries de racine ni sur la plaque dentaire responsable des inflammations de la gencive.''

L'ABC de la prévention

- favoriser le développement de bonnes dents par une alimentation contenant suffisamment de protéines, de vitamines C, A et D, de calcium, de phosphore et de fluor, dès la conception et pendant toute la petite enfance;
- limiter la consommation de boissons et d'aliments sucrés, particulièrement entre les repas;
- offrir des collations ''sans sucre ajouté'' (voir liste ci-jointe);

- surveiller de près le brossage des dents, au moins 2 fois par jour;
- donner des suppléments de fluor si l'eau de la municipalité n'est pas additionnée de fluor;
- servir des aliments riches en fibres alimentaires, en particulier des fruits frais et des crudités; ces derniers augmentent la production de salive et assurent un meilleur nettoyage de la bouche.

Quelques collations "sans sucre ajouté"

- cubes de fromage;
- yogourt;
- fruits frais (pommes, poires, oranges, raisins, pêches, bananes, melons);
- légumes frais crus (carottes, céleri, poivrons);
- biscottes maison;
- beurre d'arachide sur pain de blé entier;
- jus de légumes;
- céréales à grains entiers avec lait.

PROBLÈME

 SOLUTION

La carie dentaire

MENU TRÈS SUCRÉ	MENU MOINS SUCRÉ

DÉJEUNER:

jus d'orange	orange en quartiers
1 tranche de pain grillé	1 tranche de pain grillé
avec confiture	avec fromage et compote
	de pommes
6 oz (180 mL) lait au chocolat	6 oz (180 mL) lait 2%

COLLATION:

2 à 3 friandises	crudités

DÎNER:

quiche aux épinards	**quiche aux épinards**
1/2 tranche de pain	1/2 tranche de pain de blé entier
salade verte avec vinaigrette	salade verte avec vinaigrette
pouding au chocolat	**gelée aux pêches**
6 oz (180 mL) lait au chocolat	6 oz (180 mL) lait 2%

COLLATION:

1 biscuit aux brisures de	quartiers de pomme avec
chocolat	beurre d'arachide
boisson à saveur de fruits	

SOUPER:

croquettes de saumon	**croquettes de saumon**
riz	riz
brocoli	brocoli
gâteau avec sauce au caramel	**flan aux pommes**
	et aux amandes
6 oz (180 mL) lait au chocolat	6 oz (180 mL) lait 2%

médicament contenant du sucre
absorbé avant le coucher après
brossage des dents

Aliments en caractères gras: recette présentée dans le livre

La carie ''rampante''

C'est

• une sorte de carie ''contagieuse'' qui se répand sur toute la série des dents avant supérieures; aussi appelée le ''syndrome du biberon'';

• une condition douloureuse qui peut entraîner des problèmes de langage, nécessiter des interventions coûteuses et même défigurer un enfant.

Incidence

• les enfants de 1 à 4 ans qui s'endorment avec un biberon contenant du lait, de l'eau sucrée, du jus ou toute boisson autre que de l'eau;

• les enfants qui sucent à longueur de journée une sucette ''sucrée''.

Cause du problème

Le biberon donné au lit ou la sucette trempée dans du sirop ou tout autre liquide sucré.

Au moment de s'endormir:

• une partie du liquide du biberon reste dans la bouche de l'enfant;

• le flot de la salive qui neutralise habituellement l'environnement de la bouche diminue;

• la boisson qui contient une forme de sucre quelconque (lactose du lait, sucrose, glucose ou fructose) stimule la formation d'acide qui attaque ensuite l'émail de la dent pendant toute la durée du sommeil.

L'ABC de la prévention

- éviter de donner un biberon à l'heure du coucher;
- éviter de tremper la sucette dans un liquide sucré, *quel qu'il soit.*

BEAGLEY, G.M. "Nursing-Bottle Syndrome". *Canadian Dietetic Association Journal,* 39 (1978). Pages 25-27.

BIBBY, G.B. "The Cariogenicity of Snack Food and Confections". *Journal of the American Dental Association,* 90 (1975). Pages 121-132.

CALIENDO, M.A. "Nutrition and Preventive Health Care". *Macmillan Publishing Co., Inc.,* (1981) New York.

CHUDAKOV, B.K. "Sugar in Medications: the Covert contributor to Dental Disease". *Canadian Pharmaceutical Journal,* 117 (1984). Pages 12-14.

CUDZINORVSKI, L. "Le Syndrome du biberon". *L'Union médicale du Canada,* 109 (1980). Pages 853-855.

FEIZAL, R.J. *et al.* "Dental Caries Potential of Liquid Medications". *Pediatries,* 68 (1981). Pages 416-419.

FOMON, S.J. et WEI, S.H.Y. "Prevention of Dental Caries". *Nutritional disorders of children - Prevention screening and Follow up.* Washington, DHEW publication, n° HSA 76-5612, 1976.

"La dentisterie préventive: pratique, règles et recommandations". *Rapport du groupe de travail sur la dentisterie préventive ,* Santé et Bien-être social, Canada, septembre 1979.

NAVIA, V.M. "Propiets for Prevention of Dental Caries: Dietary Factors". *Journal of the American Dental Association,* Pages 1010-1012.

NIZEL, A.E. "Preventing dental caries: the nutrional factors". *Pediatric Clinics of North America,* 24 (1977). Pages 141-155.

PINKERTON, R.E. et al. "Preventing Dental Caries". *American Family Physician,* 23 (1981). Pages 167-170.

La constipation

C'est

- une question de consistance, avant tout!
- une condition qui varie énormément d'un enfant à l'autre;
- un langage du corps qui exprime souvent une émotion qui n'a pu se manifester autrement;
- une évacuation *incomplète* et une défécation de selles dures et sèches.

Incidence

- problème très fréquent chez l'enfant d'âge préscolaire;
- problème plus répandu chez les garçons que chez les filles.

Petite histoire de la constipation

Les aliments non retenus au service de l'organisme continuent leur trajet dans le gros intestin et sont lentement propulsés vers le rectum grâce à une série de contractions plus ou moins importantes.

Après chaque repas ou collation, il se produit quelques contractions plus importantes; lorsqu'une certaine quantité d'aliments parvient au niveau du rectum, il se produit une pression supplémentaire qui déclenche l'envie d'aller à la selle. Ce besoin se manifeste souvent de 20 à 30 minutes après le premier repas de la journée.

Si l'enfant résiste à l'appel de l'intestin... pour tout genre de motifs, les déchets alimentaires restent en consignation dans la partie inférieure du gros intestin. Service de dépannage fort utile à l'occasion mais qui fait la grève lorsqu'on en abuse.

La réaction est simple: la partie inférieure de l'intestin s'habitue à la surcharge causée par l'accumulation de déchets alimentaires et, au lieu de réagir, elle ne déclenche plus le signal d'alarme qui invite à déféquer. Une partie de l'eau contenue dans les déchets est récupérée par la partie supérieure de l'intestin, ce qui assèche et durcit les selles, et rend difficile, voire même douloureuse l'évacuation. Et tranquillement, le cercle vicieux de la constipation s'installe.

Moins l'enfant répond au message de l'intestin, moins l'intestin lui lance de messages, et plus il est difficile de le vider.

Effets sur la santé

La stagnation des déchets alimentaires dans l'intestin ne cause pas d'empoisonnement mais la pression exercée au niveau du rectum entraîne des maux de tête, de l'irritabilité, de l'inconfort.

En fin de compte, la constipation peut gâter la vie de l'enfant.

Constipation aiguë :

(arrêt subit du fonctionnement de l'intestin)

Causes possibles: changement de menus, d'environnement, diminution de l'activité physique, voyage, maladie, ou exceptionnellement une fissure anale.

Traitement:

— tout rentre dans l'ordre lorsque la routine reprend.

Constipation simple :

(selles dures et sèches; problème plus fréquent avant 4 ans)

Causes possibles: alimentation pauvre en fibres alimentaires, manque d'activité physique, manque de liquides, trop grande consommation de lait soit plus d'un litre par jour, position inadéquate au moment de la défécation, routine mal établie.

Traitement:

• établir une routine plus régulière;

• augmenter le contenu en fibres alimentaires du menu;

• diminuer la consommation totale de lait et de fromage;

- intégrer du lait 2% à la place du lait entier;
- s'assurer que les pieds de l'enfant touchent le sol ou un appui quelconque au moment de la défécation, ce qui aide les contractions;
- augmenter l'activité physique de l'enfant;
- ne pas en faire un drame!

Constipation chronique

(défécation irrégulière, selles douloureuses, dégâts occasionnels, problème plus fréquent après 4 ans)

Causes possibles: problèmes émotifs, tension ou anxiété: peur d'aller à la selle à l'école; défaut dans l'entraînement.

Traitement:

(condition plus sérieuse que les précédentes, exige plus de temps et de patience)
- prendre initialement les grands moyens (lavements, laxatifs);
- augmenter la quantité de fibres alimentaires au menu;
- insister sur la consommation d'un bon petit déjeuner;
- prévoir de 15 à 30 minutes après ce repas pour permettre le déclenchement du processus normal;
- augmenter la consommation de liquides aux repas et entre les repas; offrir de l'eau de préférence;
- diminuer graduellement la dose de laxatifs et surveiller d'assez près le rythme des défécations;
- maintenir le menu riche en fibres.

L'ABC de la prévention

- vers l'âge de deux ans, établir une bonne routine d'entraînement tout en adoptant une attitude détendue...;
- offrir tous les jours des aliments riches en fibres alimentaires;
- encourager une bonne mastication des aliments;
- ne jamais sauter par-dessus le repas du début de la journée;
- encourager l'activité physique;

PROBLÈME

MENU PAUVRE EN FIBRES

	FIBRES (G)
DÉJEUNER:	
jus d'orange	--
céréales raffinées 1/3 tasse/75 mL	0,3
lait 2% (6 oz/180 mL)	--
COLLATION:	
tranches de concombre sans pelure	--
DÎNER:	
soupe au poulet et aux nouilles	--
1/2 sandwich au fromage sur pain blanc	--
jello aux fraises	--
lait 2% (6 oz/180 mL)	--

SOLUTION

MENU RICHE EN FIBRES

	FIBRES (G)
2 pruneaux cuits	1,3
céréales All-Bran (1/3 tasse (75 mL)	3,1
lait 2% (6 oz/180 mL)	--
3 bâtonnets de carottes	1,3
potage aux lentilles et aux pommes	2,3
1 tranche pain de blé entier	2,6
1/2 pomme	2,0
lait 2% (6 oz/180 mL)	--

COLLATION:

biscuit au chocolat	--

SOUPER:

salade verte	0,4
boeuf haché et pomme de terre en purée	1,5
petites carottes cuites	1,7
crème glacée	--
lait 2% (6 oz/180 mL)	--
	3,9

petit muffin au son	2,7

salade de carottes et de raisins	1,9
pain de viande camouflé	2,5
brocoli cuit (1/4 tasse/50 mL)	1,4
quartiers d'orange	1,2
lait 2% (6 oz/180 mL)	--
	22,3

Aliments en caractères gras : recette présentée dans le livre

9 7

- servir les repas à des heures régulières lorsque la chose est possible.

Laxatifs et lavements

- constituent des béquilles temporaires à utiliser seulement en cas de panne sérieuse.

Augmentation des fibres au menu

- servir du pain de blé entier, de son ou de seigle au lieu du pain blanc;
- servir des céréales de son (All Bran, Bran Flakes, Raisin Bran, Bran Buds) au lieu des céréales raffinées;
- servir des crudités et des petites salades au lieu ou en plus des légumes cuits;
- offrir des fruits frais au lieu de jus de fruits.

FREEMAN, N.V. "Faecal Soiling and Constipation in Children". *The Practioner*, 221(1978). Pages 333-337.

_____, "Chronic Constipation in Childhood". *Lancet*, 8047(1977). Pages 1064-1066.

MORCER, R.D. "Constipation". *Pediatric Clinics of North America*, 14(1967). Pages 175-185.

ROACH, J.J. "Constipation". *Journal of the National Medical Association*, 70(1978). Pages 591-596.

SHAEFER, C.E. "Childhood Encopresis and Enuresis." Chapitre 2. *Bowel Physiology*. New York, Van Nortrand Reinhold co., 1979.

La diarrhée chronique

C'est

- une évacuation plus rapide des aliments sans autre symptôme inquiétant;
- un problème que l'on surnomme parfois le "syndrome du colon irritable" ou le syndrome des petits pois et des carottes parce qu'il semble facile de retracer des échantillons de ces légumes non digérés dans les selles;
- une condition qui se manifeste essentiellement par des selles fréquentes et plutôt liquides, condition qui peut durer de quelques jours à quelques mois.

À NE PAS CONFONDRE AVEC DES SELLES "MOLLES" QUI RÉSULTENT D'UNE ALIMENTATION SAINE MAIS RICHE EN FIBRES ALIMENTAIRES
À NE PAS CONFONDRE AVEC UNE INTOLÉRANCE AU LACTOSE QUI S'ACCOMPAGNE DE CRAMPES ET DE BALLONNEMENTS (voir page 134)

Causes possibles

- une alimentation déséquilibrée maintenue trop longtemps après un épisode de gastro-entérite ou une autre infection;
- une élimination improvisée et prolongée d'aliments comme le lait, les oeufs, le blé sans véritable preuve d'intolérance ou d'allergie;
- un stress causé par une infection quelconque et qui dérange le fonctionnement normal du tube digestif;
- le remplacement systématique du lait par des quantités généreuses de jus, de boissons sucrées à saveur de fruits ou encore de boissons gazeuses; ce surplus de sucre contenu dans les fruits ou ajouté dans les boissons attire une quantité additionnelle d'eau dans le tube digestif et provoque l'amollissement des selles;

- exceptionnellement, une consommation importante d'aliments sucrés au "sorbitol", substitut de sucre contenu entre autres dans certaines gommes à mâcher.

Incidence

L'apparition du problème peut coïncider avec les suites d'une infection qui a entraîné des changements au menu.
- se rencontre plus souvent entre 6 et 30 mois;
- plus fréquent chez les garçons que chez les filles;
- plus rare après 4 ans.

Comment reconnaître la gravité

- si l'enfant a une bonne résistance à l'infection et une courbe de croissance satisfaisante, la diarrhée chronique ne doit pas inquiéter outre mesure;
- si la croissance et/ou la résistance sont affectées, la condition mérite plus d'attention.

Traitement suggéré

Procéder par étapes
- revoir en détail, avec le médecin ou la diététiste, le menu de l'enfant afin de déceler les lacunes, s'il y a lieu;
- réduire de façon importante la consommation de jus et de boissons froides puisque ces dernières peuvent stimuler l'intestin et nuire à son bon fonctionnement;
- si la recommandation précédente ne donne pas de résultats après une semaine, augmenter la quantité de gras au menu car un surplus de gras favorise une évacuation plus lente de l'estomac et de l'intestin:
- offrir du lait entier au lieu du lait partiellement écrémé;
- ajouter un peu de beurre ou de margarine sur les légumes;
- servir plus souvent du fromage et du beurre d'arachide;
- lorsque tout est rentré dans l'ordre, revenir graduellement à une consommation plus modérée de gras.

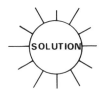

Menu de récupération *

pour tenter d'enrayer une diarrhée chronique

DÉJEUNER:

une moitié d'orange en quartiers

une tranche de pain de blé entier grillée avec beurre ou margarine et beurre d'arachide

200 mL (6 oz) de lait entier à la T° de la pièce

COLLATION: si désirée

un petit cube de fromage cheddar

DÎNER:

un demi-pain pita farci aux oeufs et mayonnaise

bâtonnets de carottes

compote de pommes

200 mL (6 oz) de lait entier à la T° de la pièce

COLLATION: si désirée

une demi-tartine de beurre d'arachide

SOUPER:

60 g (2 oz) de boeuf haché ou de saumon

une demi-pomme de terre, un peu de beurre

haricots verts

une demi-banane nappée de yogourt à la vanille

200 mL (6 oz) de lait entier à la T° de la pièce

* Les quantités peuvent varier selon l'âge et l'appétit de l'enfant.

L'ABC de la prévention

- après une gastro-entérite ou autre dérangement, redonner une alimentation variée le plus rapidement possible;
- éviter de donner trop de jus ou de boissons sucrées à l'enfant.

CHARNEY E.D. *et al.* "Intractable Diarrhea Associated with the Use of Sorbitol". *Journal of Pediatrics*, 98(1981). Page 157.

COHEN, S.A. *et al.* "Perspectives on Chronic Nonspecific Diarrhea: Dietary management". *Pediatrics*, 61(1978). Pages 808-809.

COHEN S.A. *et al.* "Chronic Non Specific Constipation: Dietary Relationship". *Pediatrics*, 64(1979). Pages 402-407.

LLOYD-STILL, J.D. "Chronic Diarrhea of Childhood and the Misuse of Elimination Diets". *Journal of Pediatrics*, 95(1979). Pages 10-13.

WALKER-SMITH, J.A. "Toddler's Diarrhea". *Archives of Disease in Childhood*, 55(1980). Pages 329-330.

L'embonpoint et l'obésité

NE PAS "GROSSIR" LE PROBLÈME INUTILEMENT,
CAR DÈS L'ÂGE DE 3 ANS, L'ENFANT DÉVELOPPE
UNE PERCEPTION NÉGATIVE DE L'OBÉSITÉ!

C'est

- *un surplus de "gras" et non simplement un surplus de poids:* un enfant trop lourd pour son âge peut aussi être plus grand pour son âge sans nécessairement avoir un excès de gras;
- une condition plus difficile à mesurer chez le jeune enfant que chez l'adulte: le pèse-personne ne donne qu'un son de cloche; la mesure du pli sous-cutané (gras sous la peau au niveau du triceps) complète l'information sur l'excès de gras;
- un problème observé moins fréquemment chez l'enfant de 2, 3 ou 5 ans que chez le bébé, l'écolier ou l'adolescent.

Mythes à effacer:

La majorité des reportages sur "l'obésité et ses cures" ne traitent hélas que de la surface de la question. Ils cultivent de faux espoirs et proposent de faux remèdes.

L'actuelle obsession de la minceur risque d'engendrer des problèmes plus sérieux que les quelques rondeurs observées chez l'enfant de 3 ou 4 ans. Des chercheurs rapportent même un arrêt de croissance plus ou moins prononcé chez des jeunes de 9 à 17 ans qui ne mangent pas suffisamment de peur de devenir gros ou obèses.

Pour répondre à des mythes fort répandus et tenter de voir l'obésité sous une autre perspective, disons que:

- l'allaitement maternel et l'introduction lente des aliments solides ne sont pas nécessairement une protection contre un gain excessif de poids après l'âge de 2 ans: ces deux pratiques demeurent excellentes pour la santé globale du bébé mais ne garantissent pas la minceur à long terme;

- la majorité des "gros" bébés à la naissance ou à 6 mois ne deviennent pas des adultes "obèses";

- l'enfant de 2 ans de poids normal n'est pas assuré de demeurer mince toute sa vie;

- la multiplication du nombre des "cellules" de gras au cours des 2 premières années ne détermine pas nécessairement le poids futur de l'enfant.

Au cours d'une vie, que ce soit avant 6 ans, pendant l'adolescence ou plus tard, il peut y avoir autant de périodes de multiplication de cellules de gras qu'il y a de changements durables de poids.

La personne qui maigrit et maintient son nouveau poids perd un certain nombre de cellules de gras tandis que la personne qui grossit et maintient l'excès de poids augmente son capital de cellules de gras.

L'ENFANT "GROS" OU "GRAS" NE MANGE PAS NÉCESSAIREMENT PLUS QUE L'ENFANT MINCE OU DE POIDS NORMAL MAIS IL MANGE AU-DELÀ DE SES BESOINS À LUI.

La question est complexe !

Il est fort difficile de prédire le poids, à 40 ans, du jeune enfant joufflu!

Le problème n'est pas "irréversible" s'il est détecté à temps et traité de la bonne façon.

Une bonne relation avec les bons aliments se bâtit bien avant d'apprendre à lire!

Causes possibles:

- *Une affaire de famille...!* Hérédité et environnement sont tous deux très liés au problème.

    Les tenants de la cause héréditaire disent que l'enfant qui a deux parents obèses a 70% de chances de le devenir: si un seul des parents est obèse, les risques tombent à 40%.

Les tenants de la cause environnement ajoutent que l'enfant adopté ou vivant dans un foyer nourricier atteint assez rapidement le même degré d'embonpoint que ses parents adoptifs.

- *Un manque d'activité physique* explique aussi bon nombre des problèmes d'excès de poids chez les petits.

- *Une mauvaise utilisation des aliments* engendre une relation ''déformée'' avec la nourriture et une éventuelle sur-consommation d'aliments.

L'enfant consolé avec un bonbon, diverti avec des biscuits, puni en étant privé de desserts, développe lentement une mauvaise relation avec les aliments et risque d'avoir recours aux aliments pour régler une foule de problèmes dans sa vie future.

Complications

À court terme

L'enfant développe des problèmes psychosociaux plutôt que physiques:

- pauvre image de soi ;
- rejet de ses compagnons de jeu ;
- piètre perfomance physique ;
- solitude ;
- mauvaise relation avec les aliments et perte du plaisir de manger ;
- tristes repas synonymes de remontrances et de restrictions.

À long terme

Les risques associés à l'obésité à l'âge adulte sont multiples et reliés à une plus grande vulnérabilité à des maladies telles que:

- l'hypertension ;
- le diabète ;
- les troubles cardio-vasculaires sans compter ;
- un ''mal-être'' chronique ;
- une perte du plaisir de manger.

L'ABC de la prévention

Si un enfant a des parents gras ou gros, la prévention débute dès les premières années de vie et doit se faire en famille pour être vraiment efficace. Cette prévention comprend trois grands aspects tout aussi importants l'un que l'autre:

1) Une attitude positive face à la démarche préventive

- apporter à l'alimentation minceur autant de soins qu'à des recettes plus riches et conventionnelles;
- éviter d'en parler comme d'une alimentation de privations, de restrictions;
- adapter cette alimentation aux occasions spéciales pour contourner les doubles messages;
- offrir la gourmandise occasionnelle sans parler de tricheries, de remords;
- éviter d'entretenir l'obsession de la minceur en ne parlant que du pèse-personne et des calories, jour après jour, repas après repas.

2) Une attention particulière à la qualité des aliments mangés par toute la famille

- donner la priorité aux aliments de base comme le lait, la volaille, les poissons, les légumes, le pain, les fruits;
- accorder une place de choix aux aliments riches en fibres alimentaires (fruits et légumes crus, céréales et pain de grains entiers);
- offrir des fruits au dessert plutôt que de multiplier pâtisseries, gâteaux et biscuits riches et sucrés;
- éviter la consommation fréquente de jus ou de boissons à saveur de fruits; 3 verres de jus (750 mL) fournissent 360 calories soit autant que 5 tranches de pain!
- offrir ce type de menu à toute la famille pour qu'il ait plus de chances de coller à long terme aux habitudes de l'enfant.

3) Une augmentation de l'activité physique pour toute la famille

- augmenter la dépense de calories de l'enfant sous forme d'activités physiques et intégrer toute la famille à la démarche ;
- planifier une promenade à pied chaque soir après le repas;
- planifier des randonnées à la campagne, du patinage ou de la natation en famille ou en groupe;
- développer les aptitudes physiques de l'enfant par l'apprentissage d'au moins un sport qui lui convient et qu'il aime;
- consacrer environ 3 heures par semaine aux activités physiques de la famille;
- adopter un chien, avec condition formelle de promenade régulière avec l'enfant ou offrir de promener le chien d'un voisin, à défaut d'un "chien à soi" !

CE TYPE DE PRÉVENTION AIDE LES PARENTS EUX-MÊMES À PERDRE QUELQUES LIVRES ET À DÉVELOPPER UNE MEILLEURE RELATION AVEC LA NOURRITURE ET LE SPORT.

Traitement

Si un enfant de 3 ou 4 ans a pris plus de 5 livres (2 1/2 kg) au cours de la dernière année et que par ailleurs l'examen médical est normal, on doit :

- *Surtout, ne pas en faire un drame*, mais prendre la chose au sérieux pendant qu'il est encore temps!
- *Tenter de ralentir le rythme de gain de poids de l'enfant* par un menu approprié et un accroissement de l'activité physique.

Il ne s'agit pas de faire beaucoup maigrir l'enfant, car à cet âge, une perte de poids nuit au développement global de l'enfant.

Si l'enfant de 4 ans a pris 15 livres (7 1/2 kg) en 1 an (ce que plusieurs enfants gagnent en 3 ans), l'objectif du traitement vise à maintenir le même poids jusque vers l'âge de 6 ans, ou jusqu'à ce que le poids de l'enfant soit mieux adapté à sa taille.

• *Pour favoriser ce ralentissement du gain de poids:*

Agir au niveau du choix des aliments et au niveau du comportement face aux aliments;

Faire du traitement une affaire de famille!

L'enfant "à la diète" à qui l'on impose un menu "spécial" farci de restrictions et qui voit le reste de la famille s'empiffrer d'aliments "interdits" risque de développer une relation bien malheureuse avec les aliments et de ne jamais sortir du cercle vicieux des "régimes".

• *Pour commencer:*

Faire tranquillement le bilan de l'année pour mieux comprendre la cause du gain de poids: perte d'un ami, retour au travail de la maman ou changement de garderie, changement d'environnement, changement de routine, maladies qui ont réduit l'activité physique ou qui provoquent après la convalescence un regain d'appétit;

Faire le journal alimentaire de l'enfant, c'est-à-dire écrire pendant une semaine "normale" TOUT ce que l'enfant mange et boit, aux repas et entre les repas;

• comparer avec les quantités minimales requises (page 51) pour déterminer les excès s'il y a lieu;

• avec l'aide d'une diététiste si désiré, réajuster le menu et remplacer certains aliments trop riches en calories par d'autres plus riches en fibres alimentaires mais pauvres en gras et en sucre.

Quelques substitutions au menu:

• offrir du lait partiellement écrémé ou écrémé au lieu du lait entier (ne pas opérer un tel changement avant l'âge de 12 mois);

• servir des fruits frais plutôt que des jus de fruits ou des boissons à saveur de fruits;

• entre les repas, offrir de l'eau au lieu des jus ou des boissons;

• servir du pain de blé entier non beurré au lieu du pain blanc avec beurre ou margarine;

- servir des céréales de grains entiers non sucrées au lieu des céréales raffinées sucrées;
- offrir plus souvent du poisson et de la volaille et moins souvent du boeuf; éviter les saucisses, pâtés et autres charcuteries;
- servir des pommes de terre au four ou bouillies plutôt que frites;
- offrir du yogourt au lieu de crème glacée;
- servir les aliments "nature" ou avec des sauces légères faites à base de purées de légumes, de purées de fruits ou de lait écrémé.

Quelques habitudes à prendre

- organiser la routine alimentaire de l'enfant de façon à ce qu'il mange trois repas par jour plus 1 ou 2 petites collations s'il en a besoin;
- trouver des récompenses "non alimentaires" pour féliciter l'enfant de son comportement: une nouvelle histoire au lieu d'un biscuit, un bricolage au lieu d'un bonbon;
- éviter le piège des assiettes vides... et prendre plutôt l'habitude de féliciter l'enfant qui laisse dans son assiette un peu des aliments qu'il aime pour partager avec les oiseaux ou le chien;
- ralentir le rythme des repas, pour étirer le plaisir. Ce qu'on avale vite ne nourrit pas: ça passe sans remplir...
- favoriser des repas sans distraction, sans émission de télé pour que l'enfant retire le maximum des aliments dans son assiette;
- cultiver une bonne attitude face aux aliments sains et légers: plutôt que les étiqueter comme des aliments-que-l'on-est-forcé-de-manger-pour-maigrir, les offrir comme des aliments amusants à découvrir et bons à manger;
- établir un programme d'activités physiques tel que discuté précédemment.

CALLAWAY, C.W. *et al.* "Relationship of Basal Metabolic Rates to Meal-Eating Patterns". 4th International Congress on Obesity, New York, 1983.

COMMITTEE ON NUTRITION. American Academy of Pediatrics. "Nutritional Aspects of Obesity in Infancy and Childhood". *Pediatrics*, 68(1981). Pages 880-883.

DUBOIS, S. *et al.* "An Examination of Factors Believed to Be Associated with Infantile Obesity". *American Journal of Clinical Nutrition*, 32(1979). Pages 1997-2004.

FRITZ, J.L. *et al.* " Preschoolers' Belief Regarding the Obese Individual". *Canadian Home Economics Journal*, 32(1982). Pages 193-196.

GARROW, J.S. "Infant Feeding Obesity in Adults". *Bibliotheca Nutr. Dieta,* 26(1978). Pages 29-35.

GOLDBLOOM, R.B. "Obesity in Childhood". *Kellogg Nutrition Symposium.* Toronto, 1976 Pages 80-111.

GRIFFITHS, M. et PAYNE, P.R. "Energy Expenditure in Small Children of Obese and Non-Obese Parents". *Nature*, 260(1976). Pages 698-700.

LEONARD, C.P. *et al.* "Effects of a Weight-Control Program on Parent's Responses to Family Eating Situations". *Journal of the American Dietetic Association*, 84(1984). Pages 424-428.

MYRES, A.W. et YEUNG, D.L. "Obesity in Infants: Significance Aetiology and Prevention". *Canadian Journal of Public Health*, 70(1979). Pages 113-119.

POMERANCE, H.H. *et al.* "The Relationship of Birth Size to the Rate of Growth in Infancy and Childhood". *American Journal of Clinical Nutrition*, 39(1984). Pages 95-99.

PUGLIESE, M.T. *et al.* "Fear of Obesity". *New England Journal Medecine*, 309(1983). Pages 424-428.

PUGLIESE, M.T. *et al.* "Fear of Obesity". *New England Journal Medecine*, 309(1983). Pages 513-518.

SAINTONGE, J. *et al.* "Are Macrosomic Babies a Risk for Future Obesity". *Journal of the Canadian Dietetic Association*, 44(1983). Pages 132-138.

SJOSTROM, L. et WILLIAM-OLSSON, T. "Prospective Studies on Adipose Tissue Development in Man". *International Journal of Obesity*, 5(1981). Pages 597-604.

VOBECKY, J.S. *et al.* "Nutrient Intake Patterns and Nutritional Status with Regard to Relative Weight in Early Infancy". *American Journal of Clinical Nutrition*, 38(1983). Pages 730-738.

WEIL, W.B. "Obesity in Children". *Pediatrics in Review*, 3(1981). Pages 180-189.

WOLMAN, P.W. "Feeding Practices in Infancy and Prevalence of Obesity in Preschool Children". *Journal of the American Dietetic Association*, 84(1984). Pages 436-438.

SUGGESTIONS POUR ÉCONOMISER LES CALORIES

	ÉCONOMIE	
	par jour	par semaine
lait écrémé 18 oz/jour (540 mL) au lieu de lait entier	138	966
lait écrémé 18 oz/jour (540 mL) au lieu de lait 2%	63	441
fromage 1 oz/jour (30 g) mozarella partiellement écrémé au lieu de fromage cheddar	42	294
yogourt nature 4 oz/jour (125 mL) au lieu de yogourt aux fruits 1% M.G.	50	350
1 poire fraîche au lieu de 2 demi-poires en conserve avec sirop	56	392
1 pêche fraîche au lieu de 2 demi-pêches en conserve avec sirop	80	560
1/2 pomme de terre au four, nature au lieu de 1/2 pomme de terre au four, 1 c. à thé de beurre	35	245
compote de 4 oz/jour (125 mL) pommes sans sucre au lieu de 1/8 tarte aux pommes	252	1764
1 tranche de pain de blé entier, sans beurre au lieu de 1 tranche de pain de blé entier avec 1/2 c. à soupe de beurre	51	357

111

	ÉCONOMIE	
	par jour	par semaine
pain aux bananes (1 tranche) au lieu de gâteau aux bananes avec glaçage (1 pointe)	253	1648
poisson cuit 2 oz/jour (60 g) au four au lieu de rôti de boeuf maigre	143	1001
poulet burger (1/3 tasse de poulet, 1/2 pain) au lieu de hamburger (2oz (60 g), 1/2 pain)	29	203

MODIFICATION

d'un menu		un menu
riche en calories	en	**pauvre en calories**

DÉJEUNER:

jus d'orange		jus d'orange
céréales et lait entier		céréales et lait écrémé
(6 oz/200 mL)	→	(6 oz/200 mL)
pain grillé avec beurre et		pain grillé avec compote
confitures		de pommes

COLLATION:

cubes de fromage	→	quelques bâtonnets
(1 oz/30 g)		de céleri

DÎNER:

jus de tomate		jus de tomate
1/2 hamburger	→	1/2 poulet burger
tarte aux pommes		compote de pommes
lait entier (6 oz/200 mL)		lait écrémé (6 oz/200 mL)

COLLATION:

poire en conserve	→	poire fraîche

SOUPER:

rôti de boeuf		poisson cuit au four
frites surgelées		pomme de terre persillée
brocoli et beurre	→	brocoli nature
gâteau aux bananes avec		pain aux bananes
glaçage		
lait entier (6 oz/200 mL)		lait écrémé (6 oz/200 mL)

Économie de 1100 calories

SOLUTION

Menus de prévention

JOUR 1

DÉJEUNER:

1 orange en quartiers
muesli
lait 2% ou écrémé

COLLATION:

quelques bâtonnets de céleri

DÎNER:

soupe aux lentilles et aux pommes
muffin au germe de blé
petite salade de carottes râpées avec
  sauce au yogourt
pêche en fleur
lait 2% ou écrémé

COLLATION:

une demi-pomme avec un peu de
  beurre d'arachide

SOUPER:

jus de tomate
fettuccine aux légumes
petite salade d'épinards
compote de pommes
lait 2% ou écrémé

SOLUTION

JOUR 2

DÉJEUNER:

fraises fraîches ou surgelées
   sans sucre
granola maison
lait 2% ou écrémé

COLLATION:

quelques rondelles de poivron

DÎNER:

jus de légumes
macaroni au fromage cottage
petite salade de choux
yogourt et ananas non sucré
lait 2% ou écrémé

COLLATION:

clémentine ou demi-banane

SOUPER:

jus de tomate
soufflé au saumon
bouquets de brocoli
pain de blé entier
gelée aux pêches et aux pruneaux
lait 2% ou écrémé

JOUR 3

DÉJEUNER:

demi-pamplemousse rose
crème de blé aux pruneaux
lait 2% ou écrémé

COLLATION:

bâtonnets de carottes

DÎNER:

petite salade de céleri
sandwich au tofu et au thon
poire farcie aux fraises
lait 2% ou écrémé

COLLATION:

rondelles de pomme

SOUPER:

jus de tomate
poulet aux amandes
petite salade de laitue
yogourt à la vanille
lait 2% ou écrémé

Aliments en caractères gras: recette présentée dans le livre

La gastro-entérite

(voir aussi diarrhée chronique)

C'est

- un problème très sérieux qui se manifeste par une diarrhée soudaine accompagnée de nausées et de vomissements; on note de la fièvre dans 50% des cas;
- une infection du tube digestif qui occasionne une perte importante d'eau et de minéraux essentiels au bon fonctionnement de l'organisme;
- une maladie qui risque de déshydrater le jeune enfant et de nuire à sa croissance si la réalimentation ne se fait pas adéquatement.

Incidence

- près de 500 millions d'enfants atteints chaque année à travers le monde;
- parmi les infections les plus répandues en Amérique du Nord;
- plus fréquente l'hiver que l'été.

Causes possibles

- 4 cas sur 5 sont causés par un virus;
- les autres cas peuvent être provoqués par le surplus de bactéries de l'eau contaminée, dans certaines régions du pays.

Consultation avec le médecin

Il est sage de consulter un médecin avant de commencer le traitement à la maison; plus l'enfant est jeune, plus il est vulnérable.

L'ABC du traitement à la maison

Dès que les symptômes sont apparents et reconnus, commencer à réhydrater l'enfant (voir boissons recommandées)

LIQUIDE PAR HEURE	POIDS DE L'ENFANT
115-170 mL (4-6 oz)	10 kg (22 lb)
145-255 mL (5-9 oz)	15 kg (32 lb)

- donner le liquide à la température de la pièce, 15 à 30 mL (1 à 2 c. à soupe) à la fois, toutes les 10 à 15 minutes;

- l'enfant "réhydraté" rapidement, tel que décrit précédemment, récupère plus vite et retrouve son appétit plus rapidement;

- dès que l'appétit revient, donner des aliments solides que l'enfant aime et qu'il digère facilement;

- graduellement réintégrer tous les éléments d'un menu complet (viande, fruits, légumes, produits céréaliers); réintégrer le lait de 3 à 5 jours après le début de la crise.

Jeûne non recommandé

- le jeûne prolonge la diarrhée au lieu de la guérir;

- le jeûne de quelques jours réduit les forces de l'enfant et empêche l'assimilation des substances nutritives essentielles à sa récupération;

- le jeûne affaiblit l'enfant à un moment où il est urgent de rebâtir une résistance avec l'aide des aliments appropriés.

Boissons recommandées

IL Y A TOUT UN FOLKLORE DANS CE DOMAINE; LE POINT IMPORTANT À RETENIR EST DE RÉHYDRATER RAPIDEMENT L'ENFANT AVEC UNE BOISSON SUSCEPTIBLE D'ÊTRE BIEN ABSORBÉE.

- la boisson "idéale" doit avoir une composition comparable à celle des liquides internes de l'organisme; lorsqu'elle renferme la proportion adéquate de sucre, de sel et de potassium, elle est assimilée plus facilement;

- ce type de boisson raccourcit la maladie parce que l'organisme s'y ajuste rapidement et y puise ce dont il a le plus besoin;

- le lait maternel est une boisson recommandée lorsque l'enfant n'est pas encore sevré;
- certaines boissons commerciales peuvent être prescrites, achetées en pharmacie et utilisées les premières 24 heures;
- une boisson maison peut aussi être donnée *à condition de bien mesurer tous les ingrédients:*
  - *1 L (32 oz) d'EAU*
  - *2 mL (1/2 c. à thé) de sel ni plus ni moins*
  - *1 L (32 oz) de JUS D'ORANGE NON SUCRÉ (concentré surgelé, dilué comme d'habitude)*

  Bien mélanger et conserver au réfrigérateur

Boissons qui n'aident pas vraiment
(mieux que rien, mais ne favorisent pas la guérison)

- l'eau du robinet ou l'eau de source embouteillée: elle n'est pas absorbée par le tube digestif et passe "tout droit";
- les jus de fruits non dilués: le surplus de sucre et l'absence de sel imposent un travail supplémentaire à la muqueuse de l'intestin;
- les boissons gazeuses, les gelées (*jello*), les sucettes glacées (*popsicles*): trop sucrés et très pauvres en potassium;
- le thé, l'eau de riz ou d'orge: absence de sucre, de sel et de potassium;
- le lait de vache, entier ou écrémé: difficile à digérer car la muqueuse malade tolère mal le lactose, sucre du lait.

Complications possibles

- si l'enfant ne réagit pas rapidement au traitement dès les premières heures de réhydratation, il est essentiel de consulter de nouveau le médecin;
- si l'enfant a la peau très sèche et qu'il pleure sans larmes, il est gravement déshydraté et doit être hospitalisé;
- si l'enfant boit bien et qu'il mange avec appétit des aliments solides, il n'y a pas lieu de s'inquiéter même si les selles ne retrouvent pas leur consistance habituelle pendant une semaine ou deux.

Attention à la contagion

La gastro-entérite est une infection qui se propage facilement. Les autres membres de la famille ont intérêt à se tenir loin du malade et d'éviter, pendant quelques jours, de manger dans la même vaisselle.

BROWN, K.H. *et al.* "Nutritional Management of Acute Diarrhea: an Appraisal of the Alternatives". *Pediatrics,* 73 (1984).

DUPONT, H.L. and PICKERINGS, L.K. "Infections of the Gastrointestinal Tract . *Plenum Publishing Company,* Chapter II: "Fluid and dietary management of acute diarrhea". Pages 247-266.

FINBERG, L. *et al.* "Oral Rehydration for Diarrhea". *Journal of Pediatrics,* 101 (1982). Pages 497-499.

HAMILTON, J.R. "Dietary Fluids and Diarrhea in Babies". *Canadian Medical Association Journal,* 121 (1979).Pages 509-510.

HIRSCHORN, N. "The Treatment of Acute Diarrhea in Children. An Historical and Physiological Perspective". *American Journal of Clinical Nutrition,* 33 (1980). Pages 637-663.

HOLDAWAY, M.D. "Management of Gastro-Enteritis in Early Childhood". *Drugs,* 14 (1977). Pages 383-389.

HOYLE, B. *et al.* "Breast-Feeding and Food Intake Among Children with Acute Diarrheal Discare". *American Journal of Clinical Nutrition,* 33 (1980). Pages 2365-2371.

HYAMS, J.S. *et al.* "Lactose Malabsorption Following Rotavirus Infection in Young Children". *Journal of Pediatrics,* 99 (1981). Pages 916-918.

SNYDER, J. "From Pedialyte to Popsicles; a Look at Oral Rehydratation Therapy Used in the United States and Canada". *American Journal of Clinical Nutrition,* 35 (1982). 157-161.

SUTTON R.E. *et al.* "Tolerance of Young Children with Severe Gastro-Enteritis to Dietary Lactose: a Controlled Study". *Canadian Medical Association Journal,* 99 (1968). Pages 980-982.

WENDLAND, B.E. and ARBUS, G.S. "Oral Fluid Therapy:Sodium and Potassium Content and Osmolarity of some Commercial "Clear" Soups, Juices and Beverages". *Canadian Medical Association Journal,* 121 (1979). Pages 564-571.

Menu de récupération

POINTS À RETENIR

- l'enfant qui a cessé de vomir, qui a bu toutes les heures et qui a faim peut commencer à manger à la minute où il en exprime le souhait;
- l'important est de réalimenter l'enfant le plus rapidement possible pour contrebalancer les pertes qu'il a subies;
- on ne doit pas attendre le retour des selles normales pour offrir à l'enfant une alimentation solide et variée;
- l'enfant a des chances de mieux absorber ce qu'il mange si on ne lui offre que de petites quantités d'aliments à la fois;
- donner la priorité aux aliments faciles à digérer et aux aliments que l'enfant a le goût de manger.

Par exemple:

DÉJEUNER:

crème de blé
compote de pommes
jus d'orange dilué

COLLATION:

jus d'orange dilué
demi-tranche de pain grillé

DÎNER:

oeuf poché
carottes cuites
tranche de pain grillé
petite banane mûre
jus d'orange dilué

COLLATION:
jus d'orange dilué
compote de pommes

SOUPER:
poulet et légumes
riz
gelée au jus de fruit
jus de fruit dilué

• il est important de réintroduire tous les aliments de base et en particulier le lait au plus tard une semaine après le début de la crise.

L'hypoglycémie

IL NE S'AGIT ICI QUE D'HYPOGLYCÉMIE RÉAC-
TIONNELLE CAR IL EXISTE DEUX GRANDS TYPES
D'HYPOGLYCÉMIE;

l'hypoglycémie organique:
qui reflète un problème "organique": tumeur au pancréas, déficit de certaines enzymes nécessaires à la mise en circulation du sucre, maladie du foie; condition très rare chez le jeune enfant;

l'hypoglycémie réactionnelle:
qui est souvent reliée au stress associé à une mauvaise alimentation et en particulier à une consommation excessive de sucre, d'aliments raffinés, pauvres en fibres alimentaires; ce type d'alimentation provoque une sécrétion trop importante d'insuline qui par la suite fait chuter le niveau de sucre dans le sang.

C'est

• un symptôme popularisé par les médias et mal compris par la science médicale parce que relié à plusieurs causes et difficile à cerner;

• une chute anormale et souvent chronique du niveau de sucre dans le sang; ce niveau critique ou taux de glucose par 100 mL de sang peut varier d'un enfant à un autre;

• le signe d'un mauvais fonctionnement de l'organisme qui se manifeste par divers problèmes de comportement.

Dépistage

• peut se faire avant 5 ans par un prélèvement sanguin dans le bureau du médecin au moment d'une crise; après 5 ans, par un test d'hyperglycémie provoquée de 5 heures.

Incidence

- peu fréquent chez l'enfant d'âge préscolaire;
- plus fréquent chez l'enfant d'âge scolaire et chez l'adolescent;
- se rencontre plus souvent chez l'enfant maigre qui mange mal et irrégulièrement.

Symptômes

On soupçonne une hypoglycémie "réactionnelle" chez un enfant de 3, 4 ou 5 ans lorsque celui-ci a:

a) une série de problèmes bénins, non localisés, qui s'apparentent en partie à ceux de l'hyperactivité (voir page 129) sauf pour quelques signes plus spécifiques à l'enfant "hypoglycémique" tels

- un comportement extrêmement "variable", tantôt calme, tantôt fébrile;
- une énergie "intermittente";
- des épisodes de sommeil quasi instantanés, imprévisibles;
- une fatigue "anormale" compte tenu des heures de sommeil de l'enfant;

b) de très mauvaises habitudes alimentaires:

- ne déjeune jamais ou presque;
- absorbe des boissons ou jus à longueur de journée;
- passe plusieurs heures sans manger un vrai repas;
- a des rages de sucre;
- ne mange que des aliments raffinés: pain blanc, biscuits.

Intervention alimentaire

Lorsqu'on soupçonne une hypoglycémie "réactionnelle", à cause des symptômes de l'enfant *et* après avoir vérifié son alimentation, il vaut la peine de tenter l'intervention alimentaire pendant un ou deux mois.

Cette intervention alimentaire est essentiellement une amélioration de la qualité et de la répartition des aliments mangés par l'enfant. Elle vise à stabiliser le niveau de sucre dans le sang en évitant tous les aliments susceptibles d'élever brusquement et temporairement la glycémie. Elle consiste à :

• nourrir l'enfant plus souvent et plus régulièrement:

    3 petits repas;

    3 ou 4 petites collations;

• réduire au minimum la consommation de TOUT SUCRE; sucre blanc, cassonade, miel, mélasse, confitures, sirop d'érable ainsi que les aliments contenant du sucre (voir page 164);

• remplacer les produits "raffinés" par des produits à grains entiers:

    offrir du pain de blé entier au lieu du pain blanc;

    cuisiner avec de la farine de blé entier au lieu de farine blanche;

    servir du riz brun au lieu du riz blanc;

    servir des nouilles de blé entier au lieu de nouilles blanches;

    offrir du gruau non sucré au lieu d'une céréale raffinée et sucrée.

• éliminer les boissons à saveur de fruits et les boissons gazeuses et même les jus de fruits puisque ces aliments sont très rapidement absorbés et qu'ils contribuent à élever très brusquement le niveau de sucre dans le sang;

• offrir plus de légumes crus et cuits, ainsi que des fruits frais;

• planifier des collations "sans sucre" qui fournissent un peu de protéines et de fibres alimentaires; lait, yogourt, tartine de beurre d'arachide, cubes de fromage et morceaux de fruits frais.

Si les symptômes disparaissent ou diminuent de façon importante au cours de l'intervention alimentaire, maintenir le "nouveau menu".

Menu riche en sucre et en aliments raffinés

DÉJEUNER:

boisson à saveur de fruits
pain blanc grillé
confitures

COLLATION:

cola

DÎNER:

soupe au poulet et aux nouilles
biscottes salées
biscuits aux brisures de chocolat
boisson à saveur de fruits

COLLATION:

biscuits à la confiture

COLLATION:

cola

SOUPER:

hot dog
frites
lait au chocolat

COLLATION:

boisson à saveur de fruits

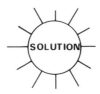

SOLUTION

Menu sans sucre, riche en fibres alimentaires

DÉJEUNER:
quartiers d'orange
gruau et quelques amandes finement hachées
lait

COLLATION:
crudités et beurre d'arachide

DÎNER:
crudités
demi-sandwich au fromage ou au saumon sur pain de
blé entier avec germes de luzerne
tranche d'ananas dans son jus
lait

COLLATION:
yogourt nature

SOUPER:
riz brun avec poulet
brocoli ou choux de Bruxelles
brochette de fruits frais
lait

COLLATION:
muffin au blé entier

Ressource locale

L'Association des hypoglycémiques du Québec offre des cours, un support et des renseignements à ceux qui en font la demande:

4276, rue Saint-Denis
Montréal (Québec)
H2J 2K8
(514) 845-7261

BOURASSA, H. "L'Autre Maladie du sucre." *Québec Science*, 21(1983). Pages 33-37.

GODARD, M. *et al.* "Hypoglycémie de l'enfant." *Médecin du Québec*, 17(1982). Pages 122-124.

LIEBMAN, B. "Hypoglycemia." *Nutrition Action*, 7(1980). Pages 3-5.

RASIO, E. "Les hypoglycémies." *Union médicale*, 109(1980).

"Special Report: Statement on Hypoglycemia." *Diabetes*, 22(1973). Pages 137.

L'hyperactivité

NE PAS CONFONDRE AVEC L'HYPERKINÉSIE;
L'HYPERACTIVITÉ NE REGROUPE QU'UNE PARTIE DES
SYMPTÔMES DE L'HYPERKINÉSIE.

C'est

- une condition mal comprise par la médecine à l'heure actuelle, probablement à cause de la ribambelle de symptômes rapportés et de la multiplicité des causes possibles;
- un comportement superactif mais non une déficience intellectuelle ni une dysfonction du cerveau;
- un niveau excessif d'inattention, d'impulsivité, d'activité physique par rapport aux normes pour un âge donné;
- un problème constant, quotidien, remarqué par plus d'un adulte entourant l'enfant et qui dure depuis plus de 6 mois.

Incidence

- 2 à 5 enfants sur 100 peuvent être affectés à des degrés divers;
- 3 à 4 fois plus fréquent chez les garçons que chez les filles;
- répandu à travers le monde autant en milieu rural qu'en milieu urbain.

Symptômes souvent rapportés *

Les symptômes ne retiennent habituellement pas l'attention les 24 premiers mois mais deviennent plus évidents et spécifiques entre 2 et 6 ans.

---

* très souvent difficiles à différencier d'un comportement turbulent ''normal''.

129

VERS 2 ANS on dit de cet enfant:

- qu'il n'a jamais "marché" mais qu'il a toujours couru;
- qu'il grimpe par-dessus tous les obstacles;
- qu'il change de jeu toutes les dix secondes;
- qu'il ne s'arrête jamais;
- qu'il n'aime pas être caressé.

VERS 3 ou 4 ANS on dit qu'il:

- est exigeant, turbulent;
- n'écoute jamais;
- joue difficilement seul ou avec les autres;
- a une faible capacité de concentration;
- ne réagit ni aux récompenses ni aux punitions;
- subit les premiers signes de "rejet" des amis, des voisins, de la garderie;
- éprouve de la difficulté avec les activités "sédentaires";
- est incapable de terminer ce qu'il commence;
- n'accepte aucune frustration;
- dort mal.

Causes

Inconnues... ou presque!

Jusqu'à maintenant, la cause qui a retenu l'attention de chercheurs dont le Dr Feingold est celle de l'allergie ou de l'intolérance aux colorants et aux saveurs artificielles, à certains additifs et aux salicylates présents dans l'aspirine ainsi que dans plusieurs fruits et légumes.

D'autres causes peuvent être reliées à des problèmes de comportement chez l'enfant d'âge préscolaire et méritent d'être notées:

- une intoxication par le plomb qui peut être détectée par une prise de sang (voir page 154);
- une intolérance au sucre (voir page 123);
- une allergie ou ou une intolérance à certains aliments de base: lait, chocolat, blé, maïs (voir page 65);

- un manque d'acides gras essentiels, manque qui serait détecté chez l'enfant par une soif constante;
- des facteurs psychosociaux.

LORSQU'UN ENFANT A DE NOMBREUX SYMP-TÔMES D'HYPERACTIVITÉ DEPUIS AU MOINS 6 MOIS, UNE INVESTIGATION PARMI TOUTES LES CAUSES POSSIBLES DOIT ÊTRE MENÉE PAR LE PÉDIATRE OU LE MÉDECIN DE FAMILLE.

La diète K-P du Dr Feingold

Le docteur Feingold a fait connaître l'hyperactivité au grand public dès le début des années 70. Il a proposé une diète, solution que les études disent efficace chez certains enfants déclarés "hyperactifs".

Cette diète élimine du menu toutes les sources de salicylates, les colorants et saveurs artificielles ainsi que les additifs alimentaires.

La proposition du Dr Feingold est incomplète pour les raisons suivantes:

- même diète pour tous les enfants, quelle que soit la cause de l'hyperactivité;
- aucune évaluation de l'état nutritionnel de l'enfant avant de commencer la diète;
- aucune réduction de sucre si ce n'est dans les produits commerciaux;
- aucun recours à des suppléments lorsque l'alimentation est inadéquate;
- aucune diète d'élimination pour détecter d'autres sources possibles d'allergies alimentaires.

Traitement global

Selon les causes et la gravité de l'hyperactivité, le traitement peut inclure:

- une thérapie du comportement de l'enfant;
- une thérapie familiale;
- une modification de l'environnement immédiat de l'enfant de façon à réduire au minimum les stimuli: par

exemple l'élimination de la radio et de la télé favorisant un plus grand calme dans la maison;

• une évaluation de l'état nutritionnel de l'enfant, une diète d'élimination pour détecter des allergies et un plan d'ajustements alimentaires (voir suite);

• la prescription de suppléments alimentaires, si jugés nécessaires;

• la prescription d'une médication par le médecin traitant.

Intervention alimentaire possible

Une fois la cause de l'hyperactivité mieux cernée grâce à l'examen médical complet, l'enfant de 2, 3 ou 4 ans qui a encore

• des problèmes de sommeil;

• des crampes et une diarrhée chronique;

• un nez toujours bouché;

• des maux de tête fréquents;

• des rages de sucre;

• des rages de sel;

• des réactions à certains médicaments;

• des réactions à certains aliments;

• une alimentation inadéquate;

peut essayer pour une durée de 7 à 10 jours un régime d'élimination (décrit p. 66) afin de vérifier s'il y a une allergie ou intolérance alimentaire.

Si on détecte une telle intolérance, replanifier le menu de l'enfant et de la famille en conséquence.

Autre intervention possible

L'enfant hyperactif qui a toujours soif sans avoir d'autres symptômes que celui du comportement hyperactif peut, avec l'accord du médecin, prendre un supplément d'acides gras essentiels sous forme d'huile de primerose vendue en pharmacie.

Mise en garde

Les recherches sur l'hyperactivité se poursuivent si bien que les suggestions données aujourd'hui risquent d'être caduques demain...

COLQUHOUN I. *et al.* "A Lack of Essential Fatty Acids as a Possible Cause of Hyperactivity in Children." *Medical Hypothesis*, 7(1981). Pages 673-679.

DICKERSON, J.W.T. *et al.* "Diet and Hyperactivity." *Journal of Human Nutrition*, 34(1980). Pages 167-174.

FEINGOLD, B. "Pourquoi votre enfant est-il hyperactif?" Montréal, *Éditions Étincelle*, Montréal, 1976.

HARPER, P.H. *et al.* "Nutrient Intakes of Children on the Hyperkinesis Diet." *Journal of the American Dietetic Association*, 73(1978). Pages 515-519.

LIPTON M.A. *et al.* "Diet and Hyperkinesis — an Update." *Journal of the American Dietetic Association*, 83(1983). Pages 132-134.

McNICOL, J. "Diet and Behavior: Sense or Nonsense." Alberta Children's Hospital, 1983.

"National Institutes of Health Consensus Development Conference Statement: Defined Diets and Childhood Hyperactivity." *American Journal of Clinical Nutrition*, 37(1983). Pages 161-165.

RAPP, D. *Allergies and the Hyperactive Child.* New York, Simon and Schuster, 1979.

SWANSON J.M. *et al.* "Food Dyes Impair Performance of Hyperactive Children on a Laboratory Learning Test". *Science*, 207(1980). Pages 1485-1487.

WEISS G. *et al.* "The Hyperactive Child Syndrome." *Science*, 205(1979). Pages 1348-1354.

WEISS B. *et al.* "Behavioral Responses to Artificial Food Colors." *Science*, 207(1980). Pages 1487-1489.

Les problèmes de digestion du lait

C'est

- une incapacité de digérer adéquatement le lactose présent dans le lait et certains produits laitiers; aussi appelée une *intolérance au lactose*;
- une insuffisance de *lactase*, soit l'enzyme produite dans la muqueuse de l'intestin et responsable de la digestion du lactose;
- une condition qui se manifeste par l'apparition systématique de douleurs abdominales, de crampes, de coliques, de gaz et de diarrhée, de 30 minutes à 3 heures après la consommation d'une quantité de lait ou autres aliments contenant du lactose;
- une série de malaises qui varient selon la dose consommée; plus l'enfant consomme d'aliments riches en lactose, plus il souffre des symptômes mentionnés précédemment s'il manque de *lactase*, bien entendu.

Incidence

- problème plus souvent observé chez l'enfant asiatique, mexicain, indien, africain, inuit ou arabe;
- la fréquence augmente avec l'âge, particulièrement chez les enfants dont nous venons de mentionner la race;
- peu fréquent chez l'enfant de race blanche;
- peut se manifester pendant une courte période de temps ou s'installer à long terme.

Aliments contenant du lactose

- lait entier, partiellement écrémé ou écrémé, yogourt, babeurre, crème sure, crème de table et crème à fouetter, poudre de lait entier ou écrémé;
- pains, petits pains, muffins, gâteaux, biscuits préparés avec du lait ou de la poudre de lait;

- soupes crèmes et poudings préparés avec du lait;
- tout mélange maison ou commercial auquel on a ajouté du lait ou de la poudre de lait;
- crèmes glacées et sorbets, chocolats et friandises préparés avec du lait;
- certaines margarines contenant de la poudre de lait;
- parmi les fromages, le cottage et le ricotta (les autres fromages tels le cheddar, l'édam, le suisse, le camembert et le Brick n'en contiennent pas ou très, très peu).

POUR DÉCELER LA PRÉSENCE DU LAIT OU AUTRE SOURCE DE LACTOSE, IL FAUT BIEN LIRE LES ÉTIQUETTES.

Intolérance temporaire

- l'intolérance temporaire survient lorsque la muqueuse de l'intestin est sérieusement bouleversée et qu'elle cesse de produire suffisamment de lactase;
- l'intolérance temporaire se produit:
  - lors d'une gastro-entérite;
  - lors d'un traitement aux antibiotiques;
  - après une chirurgie du tube digestif.

Traitement suggéré

- l'intolérance temporaire disparaît normalement après une semaine, lorsque la muqueuse de l'intestin retrouve son intégrité fonctionnelle;
- les petites quantités de lait (4 à 6 onces) ou de yogourt prises au repas occasionnent moins de problèmes que les grandes quantités (plus de 6 onces) prises au repas ou entre les repas;
- le yogourt nature ou un fromage de type cheddar sont mieux tolérés que le lait liquide.

Intolérance prolongée

- le problème se développe avec l'âge chez un certain nombre d'enfants surtout d'origine asiatique, africaine, mexicaine, indienne et inuit;

- la tolérance existe souvent pour de petites quantités de lait ou de yogourt, mais le calcium risque de faire défaut si le menu n'est pas ajusté en conséquence.

Traitement suggéré

1. Établir le seuil de tolérance de l'enfant:

- donner à l'enfant une petite quantité de lait (environ 6 onces ou 180 mL) AVEC LE REPAS et observer le résultat;

- si l'enfant n'éprouve ni douleurs abdominales, ni coliques, ni ballonnements, ni diarrhées dans les heures qui suivent, en conclure qu'il tolère bien cette quantité à l'intérieur d'un repas et continuer de l'intégrer;

- si, au contraire, l'enfant éprouve des malaises dans les heures qui suivent, diminuer la quantité et observer le résultat;

- si les malaises apparaissent même avec une faible quantité de lait donnée au repas, il est suggéré d'ajouter au lait quelques gouttes d'une enzyme commerciale à base de levure ("lactaid"), 24 heures avant de le servir.

2. S'assurer que l'enfant comble ses besoins en calcium et en vitamine D, en complétant la quantité "tolérée" de produits laitiers par d'autres aliments riches en calcium (voir appendice A).

Test approprié

Pour avoir le coeur net avant d'effectuer des changements majeurs au menu de l'enfant, le médecin peut faire subir le *lactose breath hydrogen test*, test non douloureux qui mesure l'hydrogène dans l'haleine de l'enfant après la consommation d'une quantité déterminée de lactose. Le test dure deux heures environ et peut déceler l'intolérance . Ce test n'est pas encore offert par tous les laboratoires d'analyse mais peut être effectué au Centre des tests du Montreal Children's Hospital.

Le "lactaid"

- enzyme commerciale à base de levure qui fait le travail de la *lactase* et qui facilite la digestion du lait chez les enfants qui en manquent;

- vendue en pharmacie sans prescription et ne changeant aucunement le goût du lait.

Mode d'emploi de l'enzyme commerciale

- ajouter 4 ou 5 gouttes par litre (4 tasses) de lait, et laisser reposer au réfrigérateur 24 heures avant de servir le lait. Certaines études démontrent qu'il est possible d'utiliser l'enzyme à la dernière minute au lieu d'attendre 24 heures; à ce moment, on verse 4 ou 5 gouttes par verre de lait juste avant de le boire. Cette manière de procéder fait gagner du temps mais coûte beaucoup plus cher.

BARR, R.G. *et al.* "Recurrent Abdominal Pain of Childhood Due to Lactose Intolerance". *The New England Journal of Medecine*, 300(1979). Pages 1449-1452.

BUREAU LAITIER DU CANADA "Teneur en lactose du lait et des produits laitiers". *Nutrition-Actualité*, 4(1980). Page 1.

COMMITTE ON NUTRITION. American Academy of Pediatrics." The Practical Significance of Lactose Intolerance in Children". *Pediatrics*, 62(1978). Pages 240-245.

KOLARS, J.C. *et al.* "Yogurt — an Autodigesting Source of Lactose". *The New England Journal of Medecine*, 310(1984). Pages 1-3.

LATHAM, M. "Public Health Importance of Milk Intolerance". *Nutrition News*, 40(1977). Pages 13-15.

LEBENTHAL, E. *et al.* "Recurrent Abdominal Pain and Lactose Absorption in Children". *Pediatrics*, 67(1981). Pages 828-832.

LISKER, R. *et al.* "Double Blind Study of Milk Lactose Intolerance in a Group of Rural and Urban Children". *American Journal of Clinical Nutrition*, 33(1980). Pages 1049-1053.

METZ, G. *et al.* "Breath Hydrogen as Diagnostic Method for Hypolactasia". *Lancet*, 1(1975). Pages 1155-1157.

NEWCOMER, A.D. et McGILL, D.B. "Clinical Importance of Lactase Deficiency". *The New England Journal of Medecine* (letter), 310(1984). Pages 42-43.

Menu riche en lactose *

DÉJEUNER:
orange en quartiers
céréales et *lait*
200 mL (6oz) *de lait*

COLLATION:
berlingot de 200 mL (6 oz) de *lait*

DÎNER:
crème de légumes
demi-sandwich au poulet
pouding au caramel

COLLATION:
esquimau au *lait glacé*

SOUPER
jus de légumes
pain de viande
rondelles de carottes
pain de blé entier
crème glacée
200 mL (6 oz) de *lait*

---

* *ce menu n'est pas mauvais en soi mais est difficile à digérer par l'enfant intolérant .*
•

Les aliments en italique contiennent du lait ou de la poudre de lait.

Menu moins riche en lactose**

DÉJEUNER:
orange en quartiers
pain grillé
beurre d'arachide et de sésame
100 mL (3 oz) de lait

COLLATION:
crudités

DÎNER:
salade de chou et bouquets de brocoli
demi-sandwich au saumon en conserve
125 (4 oz) de yogourt

COLLATION:
banane givrée

SOUPER:
jus de légumes
viande grillée
rondelles de carottes
pain de blé entier
gelée de fruits et carré de sésame
100 mL (3 oz) de lait

** *offre d'autres aliments riches en calcium, peut contenir des quantités plus ou moins importantes de lait et de yogourt, selon la tolérance de l'enfant.*

Chapitre 3

La tournée
des aliments

*"Mon vrai premier contact avec la nour-
riture, c'est la cueillette des pissenlits
que nous allions ramasser et dont nous
nous régalions le soir..."*

Jean Pierre Coffe.
Gourmandise au singulier

Les aliments cuits au four à micro-ondes

NI LES ALIMENTS CUITS AU FOUR À MICRO-ONDES, NI LES CONTENANTS UTILISÉS POUR LA CUISSON NE SONT "RADIOACTIFS"...

Le principe de cuisson au four à micro-ondes

- les ondes du four à "micro-ondes" émettent des radiations qui se situent entre celles émises par les ondes radiophoniques et les rayons infrarouges;
- ces ondes traversent tous les aliments qui contiennent une certaine quantité d'eau;
- les ondes pénètrent l'aliment et provoquent un remue-ménage des molécules d'eau, ce qui stimule une production rapide de chaleur dans tout l'aliment;
- plus l'aliment contient d'eau, plus la cuisson est rapide (un légume cuit plus rapidement qu'un morceau de viande de même poids);
- les ondes rebondissent sur le métal au lieu d'y pénétrer, ce qui explique pourquoi elles cuisent mal l'aliment déposé dans un contenant ou un moule de métal;
- les ondes risquent même d'endommager le four lorsqu'elles sont en contact avec du métal ou du papier métallique;
- les ondes ne se réfléchissent pas sur le verre ou sur les matières plastiques et réchauffent adéquatement les aliments placés dans des récipients de verre, de céramique, de porcelaine, de plastique et dans certains papiers.

L'impact du four à micro-ondes sur la valeur nutritive des aliments:

- de façon générale, les aliments cuits ou réchauffés au four à micro-ondes conservent aussi bien, parfois

mieux, leur contenu en vitamines et en minéraux que lorsqu'ils sont préparés par des cuissons traditionnelles;
- dans le cas des légumes, si l'eau de cuisson est réduite au minimum, la rétention de vitamine C est plus grande dans le four à micro-ondes que dans une casserole remplie d'eau; la rétention de vitamines se compare à celle d'une cuisson à la vapeur ou dans une faible quantité d'eau.

Les précautions à prendre pour réduire au minimum l'exposition aux radiations émises par le four à micro-ondes:

- suivre les directives fournies par le fabricant pour le mode d'utilisation et les mesures de sécurité;
- ne jamais utiliser le four si la porte ne ferme pas parfaitement, suite à un problème de transport ou à une déformation quelconque;
- ne jamais toucher aux enclenchements de sécurité du four ou aux contrôles pour en arrêter le fonctionnement;
- ne jamais essayer d'insérer un objet quelconque dans une ouverture du four ou autour du point d'étanchéité;
- nettoyer régulièrement la porte et le joint d'étanchéité, sans utiliser d'abrasif ou selon les recommandations du fabricant;
- communiquer avec le fabricant au moindre "soupçon" de fuite ou avec le distributeur afin de faire examiner le four par une personne compétente.

N.B. Il existe d'excellents guides pour "apprendre" à cuisiner avec un four à micro-ondes dont celui de Jehane BENOIT: *La Cuisine micro-ondes*, Les Éditions de l'Homme, Montréal, 1976.

Les aliments cuits au barbecue

Un repas préparé au grand air comporte une dimension plaisir à ne pas sous-estimer. Les aliments partagent la vedette avec l'odeur du feu et l'excitation de manger en plein air!

PLUS APPRÉCIÉ PAR L'ENFANT À PARTIR DE 3 ANS.
PLUS L'ALIMENT EST GRAS, PLUS IL EST "CARBO-NISÉ", PLUS IL PEUT NUIRE À LA SANTÉ.

Ce qui se passe pendant la cuisson au barbecue

* lorsqu'on fait cuire un morceau de boeuf ou de viande grasse sur le charbon de bois, à quelques pouces d'un bon feu, le gras tombe dans le feu, se décompose en ben-zopyrène, se mélange à la fumée et revient sur la viande; (le benzopyrène, est une substance cancé-rigène);
* un steak carbonisé de 120 grammes (240 grammes cru) renferme autant de benzopyrène que la fumée de 135 cigarettes!

Pour avoir autant de plaisir et moins de benzopyrène

* utiliser juste assez de briquettes pour un bon feu: 30 à 40 briquettes suffisent pour un grand barbecue tandis que 12 à 24 suffisent pour un barbecue portatif genre *Hibachi*;
* attendre 30 à 40 minutes après le début du feu pour commencer la cuisson; le feu est prêt lorsque les bri-quettes sont recouvertes d'une pousssière grise;
* retirer tout l'excès de gras autour des morceaux de viande;
* choisir plus souvent des aliments moins gras comme la volaille ou le poisson;

145

- cuire les aliments en papillote dans un papier en aluminium pour une partie de la cuisson ou sa totalité;
- cuire à 10 à 12 cm (5 à 6 po) des briquettes pour éviter la chaleur trop intense.

Menus pour le barbecue

I. Petite salade de chou et carottes
Burger thon - fromage
Pomme grillée sur bâton

II. **Épi de maïs en papillote**
Pain pita farci
Esquimau au jus de fruit et yogourt

III. **Carottes en papillote**
Brochette de poisson
Pomme de terre fromagée
Quartier de cantaloup au coulis de fraises

IV. Crudités du jardin ou du marché
Grilled cheese
Brochette de fruits

Aliments en caractères gras: recette présentée dans le livre

Les aliments cuits à l'autocuiseur

En règle générale, une cuisson rapide avec peu d'eau conserve plus de vitamines et de minéraux qu'une cuisson plus longue avec beaucoup d'eau.

L'autocuiseur (le *presto*) cuit rapidement l'aliment, utilise une très petite quantité d'eau et une certaine pression;

- la cuisson à l'autocuiseur favorise une excellente rétention des vitamines et des minéraux comparativement à une cuisson dans 125 mL (1/2 tasse) d'eau (voir graphiques);
- la cuisson à la vapeur, utilisant la "marguerite" ou encore la cuisson aux micro-ondes donnent des résultats comparables à la cuisson à l'autocuiseur;
- l'eau ajoutée dans l'autocuiseur ou sous la marguerite récolte toujours une certaine quantité de vitamines et de minéraux; à conserver pour la cuisson du riz ou autres céréales, ou pour la préparation de soupes ou de sauces.

RECHCIGL, M. *Handbook of Nutritive Value of Processed Food.* Florida, CRC Press, 1982.

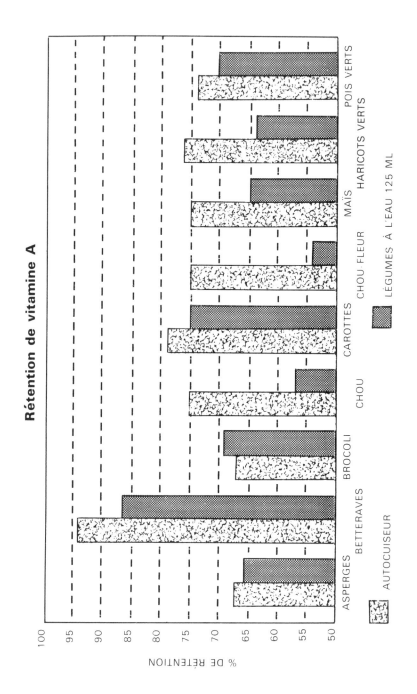

Rétention de vitamine A

% DE RÉTENTION

100 95 90 85 80 75 70 65 60 55 50

ASPERGES BETTERAVES BROCOLI CHOU CAROTTES CHOU-FLEUR MAÏS HARICOTS VERTS POIS VERTS

AUTOCUISEUR

LÉGUMES À L'EAU 125 ML

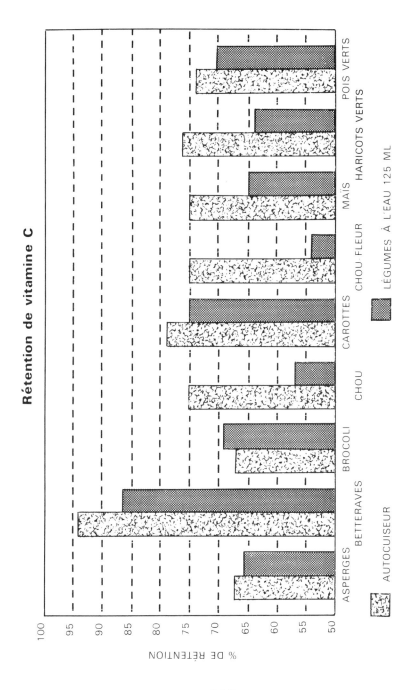

Rétention de vitamine C

% DE RÉTENTION

ASPERGES BETTERAVES BROCOLI CHOU CAROTTES CHOU FLEUR MAÏS HARICOTS VERTS POIS VERTS

AUTOCUISEUR

LÉGUMES À L'EAU 125 ML

Les aliments fast food

La bouffe éclair de Ronald, du Colonel et des autres attire beaucoup d'enfants et de grands. Elle empoche, au Canada seulement, un milliard et demi de dollars par année.

Cette bouffe éclair ne nuit pas à l'enfant qui en mange occasionnellement, mais elle risque de nourrir trop et mal l'enfant qui en consomme plusieurs fois par semaine.

Elle fournit très souvent:
- un surplus de matières grasses et de sel dans la plupart des mets principaux (voir encadré);
- très peu de légumes et de fruits;
- presque jamais de grains entiers;
- très peu de vitamine C, de calcium et de fibres alimentaires.

Elle plaît à cause:
- du service rapide qui épargne la patience fragile du jeune enfant;
- des aliments qui se manipulent aisément;
- de l'emplacement qui exige peu de bonnes manières...

Mais plus souvent l'enfant mange ce type de repas, plus il est sage de surveiller ses choix alimentaires et de:
- choisir le jus de légume ou de fruit plutôt que la boisson gazeuse ou la boisson à saveur de fruit;
- choisir le verre de lait au lieu du lait frappé, ultra-sucré;
- choisir les aliments grillés plutôt que les fritures;
- encourager les sites où l'on offre la table à salades;
- choisir des petits "formats" ou portions, lorsque c'est possible;
- trouver un coin tranquille et prendre le temps de manger;

- changer d'endroit pour varier le menu;
- au besoin, compléter le menu en apportant crudités, fruit frais ou verre de lait.

PALIK, B. "Qu'en est-il du fast food?" *Protégez-vous*, mai 1984. Pages 21-26.

ZLOTKIN, S.H. "Controverse au sujet de la nutrition en 1984". *Médecine moderne du Canada*, 39(1984). Pages 443-448.

Le gras caché dans les aliments fast food

L'équivalent de :
1 carré de beurre ou margarine = 4 g de gras = □
1/2 carré de beurre ou margarine = 2 g de gras = ◹

1 hamburger maison grillé .... □ □ □ ◹
1 Big Mac .... □ □ □ □ □ □ □ □

1 pomme de terre cuite au four .... —
1 petite portion de frites .... □ □ ◹

1 filet de poisson cuit au four .... —
1 filet-o-fish .... □ □ □ □ □ □

250 mL de lait 2% .... □
1 lait frappé .... □ □

125 mL de crème glacée .... □ □
1 banana split .... □ □ □ □

1 pomme .... —
1 chausson aux pommes .... □ □ □ □ ◹

1 oeuf à la coque .... □ ◹
1 oeuf McMuffin .... □ □ □ □ □

125 mL d'oignons bouillis............................ —
125 mL d'oignons frits .... □ □ □

Le sel caché dans les aliments fast food

ALIMENT	mg SODIUM (sel)
100 g de poulet grillé	67 mg
100 g de poulet frit "à la..."	535 mg
1 hamburger maison sans sel ajouté	158 mg
1 hamburger	530 mg
1 poisson burger maison	225 mg
1 filet-o-fish	710 mg
1 oeuf cuit à la coque et 2 tranches de pain grillé	385 mg
1 oeuf McMuffin	915 mg
1 pomme fraîche	2 mg
1 chausson aux pommes	415 mg
300 mL lait partiellement écrémé	194 mg
1 lait frappé au chocolat	320 mg

Les aliments en conserve

NE JAMAIS CONSERVER DANS LA BOÎTE DE MÉTAL.

---

la question du plomb

- 50% à 85% du plomb présent dans l'environnement de l'enfant provient des aliments (des aliments en conserve en particulier); le reste provient de l'air et de l'eau;
- en 1980, une étude menée aux États-Unis a révélé qu'un enfant sur 18 était intoxiqué par le plomb et que l'enfant leplus vulnérable avait entre 2 et 3 ans;
- le jeune enfant retient 3 à 5 fois plus de plomb dans son organisme que l'adulte qui l'élimine plus facilement;
- l'intoxication par le plomb affecte principalement le système nerveux de l'enfant, et peut modifier son comportement y compris son fonctionnement intellectuel;
- la majorité des boîtes de conserve vendues au Canada et aux États-Unis sont soudées au plomb; lorsque la boîte est ouverte, l'air réagit avec les aliments "acides" comme les tomates, les fruits et les jus de fruits et dissout une partie du plomb de la boîte; le plomb s'infiltre ensuite graduellement dans l'aliment;
- l'enfant mal nourri qui ne consomme pas suffisamment de lait et d'aliments riches en fer est plus sensible à l'accumulation de plomb dans ses tissus que l'enfant bien nourri;
- même si le contenu en plomb des boîtes de conserve a diminué depuis 5 ans grâce à de meilleurs procédés de fabrication, il est essentiel de toujours retirer l'aliment de la boîte lorsqu'elle est ouverte;

- chez l'enfant très mal nourri qui développe graduellement des problèmes de comportement, il peut être utile de vérifier le taux de plomb dans ses tissus par une prise de sang.

la question du sel et du sucre

- de façon générale, les légumes et les poissons en conserve contiennent 10 à 100 fois plus de sel que l'aliment frais ou congelé nature;
- les fruits mis en conserve dans un sirop épais contiennent 2 fois plus de sucre que les fruits frais.

la question des boîtes abîmées

- la boîte bombée ou abîmée reflète un changement chimique ou la multiplication de micro-organismes dans la conserve; toujours rejeter pour éviter tout risque d'intoxication.

Si le menu de l'enfant contient suffisamment de produits frais et de lait, il n'y a pas lieu d'éviter les aliments en conserve; les utiliser avec les précautions soulignées précédemment.

MAHAFFEY, K.R. "Nutritional Factors in Lead Poisoning". *Nutrition Reviews*, 39(1984). Pages 353-362.

SCHAFFNER, R.M. "Lead in Canned Foods". *Food Technology*, décembre 1981. Pages 60-64.

Les colorants alimentaires

Les colorants

- ajoutent de l'éclat aux aliments lorsque la chaleur ou la lumière les ternit ou les décolore;
- uniformisent leur apparence lorsque leur couleur change avec les saisons comme dans le cas du beurre et des oranges vertes mais mûres;
- améliorent leur allure générale; on utilise souvent du caramel pour fournir une couleur plus riche et foncée aux pains "bruns", biscuits, craquelins et sauces brunes;
- laissent croire, dans certains cas, à la présence de fruits dans le produit; regarder la gamme des boissons à saveur de fruits, des gelées à saveur de fruits, des cristaux ou des sucettes à saveurs de fruits, tous plus colorés les uns que les autres.

Lorsqu'il a proposé l'élimination des *colorants synthétiques* parmi d'autres aliments dans sa diète K-P, le docteur Feingold a suscité un nouveau débat sur toute cette question.

Plusieurs chercheurs tentent maintenant de mieux comprendre la relation entre les colorants synthétiques et les problèmes de comportement chez le jeune enfant.

Les résultats les plus récents permettent de dire qu'un faible pourcentage d'enfants hyperactifs (moins de 10%) réagissent mal aux colorants synthétiques et que, chez ces enfants, l'absence de ces colorants améliore le comportement. On note que la tartrazine, l'amarante, l'érythrosine sont parmi les colorants synthétiques les plus souvent responsables de réactions allergiques.

Au Canada, la Loi et les règlements des aliments et drogues permet l'utilisation de 24 colorants naturels et de 9 colorants synthétiques.

156

Les parents d'un enfant qui souffre d'allergies alimentaires ou d'hyperactivité, et qui a bien réagi au régime d'élimination (page 66) ont avantage à procéder ainsi:

1. Limiter la consommation de colorants *synthétiques* non seulement dans les aliments mais dans la pâte dentifrice et dans les médicaments, y compris les suppléments liquides ou en comprimés.

Malheureusement, la chasse aux colorants n'est pas si simple, les étiquettes n'étant pas assez bavardes!

La Loi sur l'étiquetage des aliments
rend obligatoire la déclaration de la
présence d'un colorant mais n'impose
pas l'identification du colorant.

- le qualificatif "naturel" apposé au mot "colorant" sous-entend que le et les colorants utilisés sont tous d'origine naturelle;

- l'utilisation du terme colorant sans qualificatif sous-entend qu'une partie ou tous les colorants utilisés sont synthétiques.

2. Dans le doute, écrire au fabricant afin d'obtenir l'identité exacte du colorant.

---

* Seulement sur la pelure d'orange.

* * Seulement sur les écorces de fruits confits, fruits glacés et cerises au marasquin.

157

3. Demander l'information au pharmacien ou au médecin concernant la présence de tartrazine dans les médicaments.

4. Donner la priorité aux aliments sans colorant, dont:

- bon nombre de céréales et pains à grains entiers;
- tous les fruits frais sauf la pelure de certaines oranges;
- bon nombre de fruits surgelés;
- tous les légumes frais et un bon nombre de légumes surgelés;
- les viandes, volailles, et poissons frais ou surgelés;
- les légumineuses et le tofu nature;
- les "jus" de fruits frais, en conserve ou surgelés;
- le lait et le yogourt nature et bon nombre de yogourts aux fruits;
- les noix et graines, beurres de noix ou de graines, sauf les pistaches colorées.

5. Prendre conscience que de façon générale, *plus l'aliment est transformé, plus il est cuisiné d'avance, plus il est sucré, plus il a de chances de renfermer un ou plusieurs colorants* (voir page 159).

6. Éviter de colorer les aliments à la maison, avec des colorants vendus en petites fioles au marché d'alimentation puisqu'ils ne contiennent que des colorants synthétiques.

DIRECTION GÉNÉRALE DE LA PROTECTION DE LA SANTÉ. "Les colorants dans les produits pharmaceutiques". *Lettre de renseignements*, 634(1982). Santé et Bien-être social Canada, Ottawa.

SILBERGELD, E.K. et ANDERSON, S.M. "Artificial Food Colors and Childhood Behavior Disorders". *Bulletin of the New York Academy of Medecine*, 58(1982). Pages 275-295.

SWANSON, J.M. *et al.* "Food Dyes Impair Performance of Hyperactive Children on a Laboratoray Learning Test". *Science*, 207(1980). Pages 1485-1487.

WEISS, B. *et al.* Behavior Responses to Artificial Food Colors." *Science*, 207(1980). Pages 1487-1489.

Aliments contenant un ou des colorants

Cette liste donne un aperçu du type d'aliments qui renferme des colorants. L'étiquette permet de vérifier la présence du colorant mais donne rarement son identité exacte.

1) famille des biscuits, desserts et sucreries, et produits céréaliers:

plusieurs biscuits du commerce au chocolat, à la crème

plusieurs gâteaux du commerce au chocolat, à la confiture

plusieurs céréales à déjeuner sucrées

(sur certaines céréales on trouve même l'identité du colorant)

certains pains

sachets de gruau aux pêches

plusieurs bonbons et chocolats
gommes à mâcher

fruits confits

cerises au marasquin

plusieurs confitures et gelées

plusieurs tartinades

gelées à saveur de fruit avec sucre ou avec aspartame

boissons en cristaux

boissons à saveur de fruit

plusieurs sorbets

garnitures pour tartes

glaçages pour gâteaux

substitut de crème fouettée

garnitures pour coupes glacées (*sundae*)

cornets colorés de crème glacée

plusieurs poudings prêts à servir

plusieurs sirops

plusieurs sucettes gelées (*popsicle*)

plusieurs craquelins et croustilles

plusieurs préparations de pâtes alimentaires

panure pour cuisson au four

2) famille des produits laitiers

fromages à tartiner

préparations de fromage fondu

plusieurs crèmes glacées

plusieurs barres glacées à saveur de fruit

159

3) famille des assaisonnements et aliments divers

plusieurs sauces barbecue
plusieurs sauces soya
marinades de type relish
certaines moutardes
certains cornichons
sauce chinoise aux cerises
certaines vinaigrettes
colorants à café

Le sucre

Au Canada

On avale chaque année environ *40 kg de sucre*, miel et produits d'érable compris, soit 9 cuillerées à soupe par jour ou 400 calories "mal remplies"!

C'est trop, beaucoup trop!

Et ceci n'inclut même pas le tout nouveau sucre dérivé du maïs, appelé sirop de maïs à haute teneur en fructose, utilisé de plus en plus par l'industrie alimentaire pour sucrer les boissons et les aliments en conserve, mais non déclaré dans les statistiques de consommation.

Au Québec

- 4 Québécois sur 5 consomment régulièrement des boissons gazeuses;
- 3 Québécois sur 5 consomment régulièrement des pâtisseries, des céréales sucrées, des confitures ou de la marmelade sur le pain grillé;
- 1 Québécois sur 5 mange régulièrement des bonbons et des friandises!

C'est trop, beaucoup trop!

Que fait l'enfant dans cet environnement de "becs sucrés"?

A-t-il avantage à imiter les grands?

L'enfant n'a pas besoin de bonbons-gâteaux-confitures-biscuits-boissons sucrés pour grandir, courir, sauter, avoir de l'énergie.

Son corps transforme facilement les fruits, le lait, le pain, les légumes en glucose qui devient le "carburant-sucre" nécessaire à son bon fonctionnement.

Son corps fonctionne mieux avec moins de sucre raffiné et voici pourquoi.

L'enfant qui mange beaucoup d'aliments "sucrés" a moins faim pour les aliments riches en vitamines et minéraux. Il risque

161

de manquer de fer et de fibres alimentaires. Il s'attire des problèmes d'anémie, de constipation et occasionnellement d'hypoglycémie.

L'enfant qui grignote des biscuits, des sucreries entre les repas, qui sirote du jus ou des boissons toute la journée dans un verre ou même dans un biberon, prépare le terrain aux caries dentaires et peut entrevoir des heures douloureuses chez le dentiste.

L'enfant qui perçoit les desserts, les gâteaux ou les chocolats comme suprême récompense ou comme objet de négociation risque d'accorder au sucre un rôle beaucoup trop important et de développer une certaine dépendance.

L'enfant de 2 ans qui apprend à savourer la plupart des aliments sans sucre ajouté ou presque, n'est pas vraiment privé de ce sucre. *Il ne s'ennuie que de ce qu'il connaît bien!*

L'enfant de 5 ou 6 ans habitué à trouver du sucre dans tout ce qu'il mange, a du mal à apprécier un pamplemousse nature, un yogourt avec des fruits frais, des fraises sans sucre, du pain grillé sans confiture, du lait nature plutôt que du lait au chocolat.

Sans faire du sucre un aliment défendu, il y a lieu de lui accorder moins de place et d'importance dans nos menus et ceux de nos enfants.

Tout le monde sait que les boissons gazeuses, les boissons à saveur de fruit et les gelées à saveur de fruit appartiennent à la ligue majeure des aliments trop sucrés, mais a-t-on idée de la quantité de sucre que ces aliments déversent dans un corps dans une année?

Et bien voilà:

285 mL (10 oz) de cola par jour fournissent 13 kg (28 lb) de sucre par année!

340 mL (12 oz) de boisson colorée sucrée à saveur de fruit par jour fournissent 14 kg (30 lb) de sucre par année!

250 mL (1 tasse) de gelée à saveur de fruit par jour fournit 15 kg (34 lb) de sucre par année!

Pour entreprendre l'opération "libération du sucre", prêter une attention spéciale au sucre "caché" dans les aliments cuisinés par l'industrie puisque qu'il représente 75% de tout le sucre consommé à l'heure actuelle. (Voir tableau page 164).

NE PAS OUBLIER QUE LORSQUE L'ENFANT EST TOUT PETIT, IL S'HABITUE BEAUCOUP PLUS FACI-LEMENT:

- à vivre avec moins de sucre raffiné;
- à boire de l'eau ou des jus de fruit "dilués" au lieu de toute la gamme des boissons sucrées et/ou gazeuses;
- à grignoter des morceaux de fruits ou de fromage au lieu de bonbons;
- à savourer des céréales non sucrées au lieu de bonbons à saveur de céréales;
- à croquer dans une crudité, une biscotte, un bâtonnet de pain grillé au lieu d'un biscuit bien sucré ou chocolaté;
- à tartiner son pain avec du beurre d'arachide, un peu de compote de pommes, quelques tranches de banane ou une purée de fruits plutôt qu'avec des confitures ou de la marmelade;
- à choisir du yogourt ou une gelée au jus de fruit au lieu des poudings sucrés ou des gelées à saveur de fruit...

HABITUER L'ENFANT À VIVRE AVEC MOINS DE SUCRE RAFFINÉ:

- c'est lui permettre de découvrir toute la gamme de saveurs propres aux bons légumes, aux fruits bien mûrs, aux différents grains entiers;
- c'est prévenir la dépendance du sucre et tous les petits bobos qui s'y rattachent;
- mais ce n'est pas refuser le plaisir d'une sucrerie occasionnelle!

163

Aliments contenant du sucre caché

1 c. à thé de sucre = 4 g   4g = 🥄   2g = 🥄   1g = 🥄

Sucre caché

LAIT ET PRODUITS LAITIERS

Lait au chocolat 250 mL (1 tasse) →   🥄🥄🥄🥄
Yogourt au fruits 100 g →   🥄🥄🥄

LÉGUMES

Maïs en crème 250 mL (1 tasse) →   🥄🥄🥄🥄
Pois en conserve 250 mL (1 tasse) →   🥄🥄🥄🥄

FRUITS ET JUS DE FRUITS

Fraises surgelées, avec sucre
  1/2 tasse (125 mL) →   🥄🥄🥄🥄🥄
Framboises surgelées, avec sucre
  1/2 tasse (125 mL) →   🥄🥄🥄🥄🥄
Compote de pommes, sucrée,
  1/2 tasse (125 mL) →   🥄🥄🥄🥄🥄
Ananas, en conserve, sirop ajouté,
  1/2 tasse (125 mL) →   🥄🥄🥄🥄
Abricots, en conserve, sirop ajouté,
  1/2 tasse (125 mL) →   🥄🥄🥄🥄
Pêches, en conserve, avec sirop
  1/2 tasse (125 mL) →   🥄🥄🥄🥄🥄
Poires, en conserve, avec sirop
  1/2 tasse (125 mL) →   🥄🥄🥄🥄
Salade de fruits en conserve, avec sirop
  1/2 tasse (125 mL) →   🥄🥄🥄🥄
Prunes, en conserve, avec sirop
  1/2 tasse (125 mL) →   🥄🥄🥄🥄

1 c. à thé de sucre = 4 g   4g =   2g =   1g = •

Sucre caché

Cerises, en conserve, avec sirop
  1/2 tasse (125 mL) →
Jus de pamplemousse, sucré
  1 tasse (250 mL) →
Cerises au marasquin 6 grosses ou 50 g →
Canneberges, en sauce
  1 c. à soupe ou 17 g →
Jus d'orange sucré 1 tasse (250 mL) →

CÉRÉALES À DÉJEUNER

Sugar Corn Pops 28 g (3/4 tasse) →
Frosted Flakes 28 g (1 tasse) →
Honey Nuts 28 g (3/4 tasse) →
Gruau instantané, aromatisé à l'érable
  1 tasse (250 mL) cuit →
Bouchées son et raisins 28 g (1/2 tasse) →
Raisin Bran 28 g (1/2 tasse) →
Bran Flakes au fruits 28 g (2/3 tasse) →
Shreddies 28 g (5/8 tasse) →
Pep de Kellog 28 g (2/3 tasse) →
Bran Flakes 28 g (2/3 tasse) →
Special K 28 g (1 tasse) →
Rice Krispies 28 g (1 tasse) →
Corn Flakes 28 g (1 tasse) →

BOISSONS

Boisson à l'orange, cerise, raisin
  1 tasse (250 mL) →

165

1 c. à thé de sucre = 4 g   4g = 🥄   2g = 🥄   1g = •

	Sucre caché
"Cream soda" 1 tasse (250 mL) →	🥄🥄🥄🥄 🥄🥄••
"Root Beer" 1 tasse (250 mL) →	🥄🥄🥄🥄 🥄🥄•
"Cola" 1 tasse (250 mL) →	🥄🥄🥄🥄 🥄🥄
"Ginger Ale" 1 tasse (250 mL) →	🥄🥄🥄🥄🥄
Limonade, sucrée 1 tasse (250 mL) →	🥄🥄
Poudre au chocolat instantané pour boisson 1 c. à soupe· →	🥄•

DIVERS

1 "Popsicle" →	🥄🥄🥄🥄 🥄🥄
Jello 1/2 tasse (125 mL) →	🥄🥄🥄🥄 •
Maïs soufflé sucré 1/2 tasse (125 mL) →	🥄🥄🥄
Gomme à mâcher avec sucre 1 morceau →	🥄

Le gras

Le Nord-Américain creuse sa tombe en mangeant trop de gras...

Les recherches effectuées depuis 20 ans permettent de conclure qu'un surplus de gras mène à deux pistes dangereuses:

- *la piste des maladies cardio-vasculaires* qui est reliée à une forte consommation de gras saturé chez des personnes vulnérables (voir page 79);
- *la piste de certains cancers* qui est reliée à une consommation trop grande de gras quel qu'il soit.

Dans ce contexte, l'enfant qui apprend à manger modérément du gras aura peu de difficulté à maintenir ces bonnes habitudes à l'âge adulte.

Un menu moins gras n'est toutefois pas un menu sans gras! Manger moins de gras peut vouloir dire:

- manger du pain à grains entiers non tartiné;
- manger plus souvent du poisson et de la volaille que de la viande rouge;
- manger du tofu ou des légumineuses pour remplacer quelques repas de viande par semaine;
- limiter la consommation de viandes pressées, de pâtés et de charcuterie;
- offrir plus souvent des fromages avec moins de 20% de matières grasses;
- servir du yogourt plus souvent que de la crème glacée;
- utiliser des cuissons qui nécessitent peu de gras;
- limiter les fritures;
- préparer des sauces minceur avec moins d'huile ou de gras;

- consulter l'encadré pour avoir une meilleure idée des principales sources de graisses cachées dans les aliments (page 169).

LIPID RESEARCH CLINICS PROGRAM. "The Lipid Research Clinics Coronary Primary Prevention Trial Results". *Journal of the American Medical Association*, 251(1984). Pages 351-374.

NATIONAL RESEARCH COUNCIL "Diet Nutrition and Cancer." *National Academy Press*, Washington, 1982.

Aliments contenant des matières grasses invisibles

**1 carré de beurre ou
de margarine** = **4 g de gras** = ☐

**1/2 carré de beurre ou
de margarine** = **2 g de gras** = ◺

VIANDES ET SUBSTITUTS

1 steak de surlonge de 6 onces
(180 g) grillé ☐ ☐ ☐ ☐ ☐

4 tranches de bacon frit
croustillant ☐ ☐ ☐

2 bouts de saucisse fumée cuite
(100 g) ☐ ☐ ☐ ☐

2 onces de salami sec (60 g) ☐ ☐ ☐ ☐

2 tranches de saucisson de
Bologne (26 g) ☐ ☐ ☐

3 onces d'aloyau de porc rôti
(90 g) ☐ ☐ ☐ ☐

3 onces de boeuf mi-maigre
(90 g) grillé ☐ ☐ ☐ ◺

LAIT ET PRODUITS LAITIERS

1/4 tasse de crème à fouetter
(60 mL) ☐ ☐ ☐ ☐ ☐ ☐

1 once de fromage cheddar ☐ ☐ ☐

1 once de fromage parmesan ☐ ☐ ☐

1 once de fromage suisse ☐ ☐

1 once de fromage camembert ☐ ☐

1 once de fromage fondu ☐ ☐

1/2 tasse de crème glacée vanille
(125 mL) ☐ ☐

* Valeurs nutritives américaines, valeurs canadiennes récentes
non disponibles

1/2 tasse de lait entier (125 mL) ☐
1/2 tasse de yogourt au lait 2%
(125 mL) ☐
1/2 tasse de lait 2% (125 mL) ◿

PRODUITS DE LA BOULANGERIE

1 pointe de tarte aux pommes
1/6 d'une tarte de 9 po (23 cm) ☐ ☐ ☐ ☐ ◿
1 éclair au chocolat fourré de
crème pâtissière ☐ ☐ ☐ ☐
1 pâtisserie danoise ☐ ☐ ☐ ☐
1 chausson aux pommes ☐ ☐ ☐ ☐
2 beignes ☐ ☐ ☐
3 biscuits "Feuille d'érable" ☐ ☐ ☐
4 biscuits aux brisures de chocolat ☐ ☐ ☐
1 chou à la crème ☐ ☐ ☐

METS CUISINÉS

1 tasse de chili con carne en
conserve sans haricots ☐ ☐ ☐ ☐ ☐ ☐ ☐ ☐ ☐ ◿
1 pointe de tourtière (1/6 de
tourtière de 9 po (23 cm) ☐ ☐ ☐ ☐ ☐ ☐ ☐ ☐ ◿
1 pâté de volaille cuit au four de
4 po (10 cm) ☐ ☐ ☐ ☐ ☐ ☐ ☐ ☐
1 egg roll (73 g) ☐ ☐ ☐ ☐ ☐
1 tasse de riz frit au poulet ☐ ☐ ☐
1/8 de pizza de 14 po (35 cm)
à la saucisse ☐ ☐ ◿

NOIX

1/2 tasse d'arachides grillées ☐ ☐ ☐ ☐ ☐ ☐ ☐ ☐ ☐ ◿
2 c. à soupe de beurre d'arachide ☐ ☐ ☐ ☐

FRIANDISES

20 croustilles moyennes ☐ ☐ ☐ ☐
1 tablette de chocolat ☐ ◿

Le sel

Le sel a mauvaise réputation parce qu'il renferme beaucoup de *sodium* et parce que les recherches ont jusqu'à maintenant associé le sodium à l'hypertension artérielle.

Depuis des années, les épidémiologistes soulignent que dans les pays grands consommateurs de sel, ils rencontrent plus d'hypertendus que dans les pays faibles consommateurs de sel.

Mais lorsque les chercheurs enquêtent de plus près dans une population donnée, ils ne réussissent plus à confirmer ce lien entre la consommation de sel et l'incidence d'hypertension.

Même si une consommation très réduite de sel peut être bénéfique dans le traitement de certains hypertendus, on est loin d'avoir démontré qu'elle puisse prévenir l'hypertension dans l'ensemble de la population.

Alors que les médias mènent leur campagne anti-sel, d'autres chercheurs s'éloignent du tandem sel-hypertension, devenu une impasse. Ils proposent de nouvelles hypothèses à partir d'enquêtes nutritionnelles récentes et notent, par exemple:

- que plus un individu consomme d'aliments riches en potassium, moins sa pression artérielle est élevée, tandis que moins il mange de potassium, plus l'inverse est observé;
- que le même type de relation semble s'établir avec d'autres éléments nutritifs comme le calcium, la vitamine A et la vitamine C;
- qu'un tel lien n'a jamais pu être vérifié avec le sodium.

Ces nouvelles pistes sous-entendent des additions au menu plutôt qu'une simple soustraction de sel.

Elles sous-entendent par exemple une consommation plus généreuse de fruits, de légumes et de lait, à tous les âges.

Elles n'éliminent sûrement pas les avantages d'une consommation *modérée* de sel car la modération signifie un plus grand respect de la vraie saveur de l'aliment.

Par contre, elles demeurent des pistes... et non une réponse définitive.

Une consommation modérée de sel peut vouloir dire:

- assaisonner avec des fines herbes, de l'ail, de l'oignon au lieu d'accorder trop d'importance au sel;
- servir plus souvent des aliments frais (légumes, viandes, volailles) que des aliments en conserve;
- donner la priorité aux aliments moins transformés.

(Voir appendice A pour connaître les sources de potassium, de calcium et de sodium.)

KHAW, K.T. *et al.* "Dietary Potassium and Blood Pressure in a Population". *American Journal of Clinical Nutrition*, 39(1984). Pages 963-968.

MATTES, R.D. "Salt Taste and Hypertension: a Critical Review of the Literature". *Journal of Chronic Diseases*, 37(1984). Pages 195-208.

McCARRON, D.A. *et al.* "Assessment of Nutritional Correlates of Blood Pressure". *Annals of Internal Medecine*, 98(1983). Pages 715-719.

McCARRON, D.A. *et al.* "Blood Pressure and Nutrient Intake in the United States". *Science*, 224(1984). Pages 1392-1398.

WALLIS, C. "Salt: a new vilain?" *Time*, 15 mars, 1982.

WHITTEN, C.F. et STEWART, R.A. "The Effect of Dietary Sodium in Infancy on Blood Pressure and Related Factors". *Acta Paediatrica Scandinavica*, suppl., 279(1980). Pages 1-17.

Le chocolat ou la caroube?

Sans vouloir déloger le chocolat du coeur des grands et des moins grands, il y a lieu de fournir quelques explications sur sa composition et celle de son compétiteur!

Le chocolat classique résulte d'un mélange de pâte de cacao, de beurre de cacao et de sucre, et selon le produit final, contient du lait, des noix, des fruits et des arômes.

Il renferme plusieurs éléments nutritifs dont un peu de protéines, du gras, des minéraux et de la théobromine, substance stimulante comparable à la caféine.

Le chocolat fait partie des fantaisies de la vie et, à ce titre, n'appartient pas vraiment au quotidien du jeune enfant à cause de sa teneur élevée en gras, en sucre raffiné et en matière stimulante.

Le chocolat provoque aussi des réactions allergiques chez certains enfants vulnérables. Lorsqu'il y a ce genre de problème, le chocolat doit céder sa place à d'autres aliments tout aussi savoureux.

Depuis quelques années, *la caroube* est plus fréquemment utilisé comme substitut du chocolat.

Elle provient de la gousse séchée du caroubier, arbre qui pousse dans un climat chaud.

La poudre de caroube que l'on peut acheter dans des magasins d'aliments naturels renferme aussi des éléments nutritifs et contient naturellement plus de sucre et moins de gras que le cacao; elle ne cause pas de problèmes allergiques.

La caroube a une saveur très agréable mais qui n'est pas celle du cacao; quant à sa couleur, elle s'apparente à celle du chocolat.

Si l'on veut remplacer le chocolat ou le cacao demandé dans une recette par de la caroube, il faut expérimenter. De façon générale:

45 mL (3 c. à soupe) de caroube

$+$

30 mL (2 c. à soupe) de liquide

$=$

1 carré (30 g) de chocolat non sucré

Les quelques avantages de la caroube par rapport au chocolat ne sous-entendent pas qu'il faille en servir tous les jours... La caroube demeure aussi une fantaisie de la vie!

L'aspartame

L'aspartame a reçu ses lettres de créances du gouvernement canadien en juillet 1981. Découverte à la fin des années soixante, cette substance remplace aujourd'hui la saccharine bannie en 1977.

L'aspartame a un pouvoir sucrant de 180 à 200 fois plus grand que le sucre blanc et résulte d'un mariage inusité entre deux acides aminés, l'acide aspartique et la phénylalanine reliés par une molécule de méthanol aussi appelé alcool de bois.

Ce sucre "synthétique" a rapidement été intégré à une foule de produits alimentaires: boissons gazeuses à faible teneur en calories, certaines boissons à saveur de fruit, desserts à base de gélatine, poudings minute, thés glacés, etc.

Pendant que les adeptes de produits diététiques l'accueillent avec joie, certains chercheurs américains s'inquiètent de son action sur la chimie du cerveau et le mécanisme des neurotransmetteurs.

Tous les individus qui souffrent de phénylcétonurie doivent s'en abstenir puisqu'ils ne peuvent transformer la phénylalanine adéquatement.

À part ces personnes qui connaissent leur vulnérabilité, des milliers de consommateurs ignorent leur intolérance au produit et plusieurs se plaignent de malaises et de troubles de comportement suite à leur consommation d'aspartame.

Le produit n'a vraiment pas fait ses preuves à long terme. La dose sans risque n'est pas vraiment déterminée pour tous les groupes de la population. L'instabilité du produit à la chaleur peut causer des problèmes.

Face à toutes ces inconnues, la prudence est de rigueur, particulièrement pour les tout-petits.

Bien lire les étiquettes et éviter autant que possible de servir à l'enfant des produits qui contiennent de l'aspartame.

"Aspartame and Other Sweeteners". The Medical Letter, 24(1982). Janvier.

YOKOGOSHI, H. et al. "Effects of Aspartame and Glucose Administration on Brain and Plasma Levels of Large Neutral Amino Acids and Brain 5-Hydroxyindoles". American Journal of Clinical Nutrition, 40(1984). Pages 1-7.

Les jus de fruits et les boissons

Nos enfants boivent beaucoup de jus, parfois même trop!

Les Canadiens en général boivent beaucoup plus de jus qu'il y a dix ans!

Est-il nécessaire d'en boire autant?

Sait-on qu'un verre de 125 mL (4 oz) de jus d'orange fournit à l'enfant suffisamment de vitamine C pour deux jours?

Un ou deux verres par jour suffisent à étancher la soif mais avec plus que cela, les bénéfices s'estompent.

L'enfant qui boit trop de jus:

- refuse souvent de boire une quantité adéquate de lait, aliment plus important dans son menu quotidien;
- peut souffrir de constipation parce qu'en "buvant" les fruits au lieu de les croquer, il mange moins de fibres alimentaires;
- peut avoir faim plus souvent parce qu'un liquide ne le satisfait pas longtemps, ne le remplit pas vraiment;
- peut subir des réactions hypoglycémiques s'il est vulnérable, puisque le jus se transforme très rapidement en sucre et ne remonte que temporairement le taux de sucre dans le sang. (Voir page 123.)

Pour "sevrer" le tout-petit qui adore le jus à toute heure du jour...

- diluer graduellement le jus avec de l'eau, ajoutant tous les jours un peu plus d'eau au jus pour arriver à une dilution 50/50;
- éviter d'offrir du jus au repas; servir de l'eau de préférence; offrir du lait à la fin du repas; offrir le jus dilué après le fruit ou autre collation "solide".

Quant aux boissons à saveur de fruit, aux cristaux bien colorés, bien sucrés et quelquefois enrichis de vitamine C, on ne peut les considérer comme un substitut du jus. Il vaut mieux ne pas en offrir du tout.

Chapitre 4
Les recettes apprivoisées

"La cuisine dépend autant et presque plus de l'éducation du goût des consommateurs que du talent du maître queux..."

Jean-François Revel.
Le Festin en paroles

Légende de la valeur nutritive des recettes

Fer ★ ★ ★ .... 6-9 mg de fer par portion

Fer ★ ★ .... 3-5 mg de fer par portion

Fer ★ .... 1-2 mg de fer par portion

.... équivalant à 90 g de viande, poisson ou volaille

.. équivalant à 60 g de viande, poisson ou volaille

.... équivalant à 30 g de viande, poisson ou volaille

.... équivalant à 15 g de viande, poisson ou volaille

.... équivalant à 50-75 mg de vitamine C par portion

.... équivalant à 30-49 mg de vitamine C par portion

..... équivalant à 300 et plus ER de vitamine A par portion

.... équivalant à 170-299 ER de vitamine A par portion

.... équivalant à 120-169 ER de vitamine A par portion

.... équivalant à 2-4 mg de fibres alimentaires par portion

---

8oz .... équivalant à 275-330 mg de calcium par portion

6oz .... équivalant à 197-274 mg de calcium par portion

. . . . équivalant à 119-196 mg de calcium par portion

. . . . équivalant à 40-118 mg de calcium par portion

EXEMPLE:

UNE RECETTE QUI CONTIENT

en protéines contient autant de protéines que 2 oz ou 60 g de viande

en vitamine C contient autant de vitamine C qu'une petite orange

en vitamine A contient autant de vitamine A que trois petites carottes de 10 g chacune

en fibres alimentaires contient autant de fibres alimentaires qu'un muffin au son

en calcium contient autant de calcium qu'un verre de lait de 4 oz (125 mL)

en fer ★ ★ contient de 3 à 5 mg de fer

LÉGENDE D'AFFICHAGE DES RECETTES

 recette sans viande

 recette sans sucre

 recette sans maïs

 recette sans oeufs

 recette sans blé

 recette sans lait ou produits laitiers

 recette sans chocolat

recette pour le barbecue

recette avec des légumes

recette pour petit déjeuner

recette de poisson

recette avec viande ou poulet

dessert aux fruits

Petits déjeuners

Carrés au beurre d'arachide

125 mL (1/2 tasse) de beurre d'arachide
1 oeuf
1 grosse banane
50 mL (3 c. à soupe) de raisins secs
250 mL (1 tasse) de flocons d'avoine
125 mL (1/2 tasse) de noix de coco non sucrée
100 mL (1/3 tasse) de graines de sésame non décortiquées

Au mélangeur ou au robot, réduire en crème les 4 premiers ingrédients.
Verser dans un bol et incorporer le reste des ingrédients.

Verser la préparation dans un moule carré et graissé de 20 × 20 cm (8 × 8 po). Cuire dans un four à 180°C (350°F) environ 25 minutes, jusqu'à ce que les bords se décollent légèrement du moule.

Donne 16 carrés.

---

1 carré donne

en protéines

183

Galettes de sarrasin

375 mL (1 1/2 tasse) de farine de sarrasin
125 mL (1/2 tasse) de son d'avoine
2 mL (1/2 c. à thé) de sel
2 mL (1/2 c. à thé) de levure chimique (poudre à pâte)
500 mL (2 tasses) de jus de pomme
50 mL (3 c. à soupe) de sirop d'érable ou de miel
15 mL (1 c. à soupe) d'huile de soya ou de tournesol

Dans un bol, mélanger les ingrédients secs. Combiner les ingrédients liquides, ajouter aux ingrédients secs et bien mélanger.

Utiliser 50 mL (3 c. à soupe) de mélange par galette.

Cuire dans un poêlon huilé.

Donne de 10 à 12 crêpes.

Chaque galette donne

en fer ★

184

Granola spécial

250 mL (1 tasse) de gruau d'avoine
50 mL (3 c. à soupe) de son d'avoine
50 mL (3 c. à soupe) de graines de tournesol
75 mL (5 c. à soupe) de raisins secs
75 mL (5 c. à soupe) de dattes hachées
75 mL (5 c. à soupe) d'amandes hachées
15 mL (1 c. à soupe) de miel ou de sirop d'érable
15 mL (1 c. à soupe) d'huile de tournesol

Réchauffer le four à 200°C (400°F).

Faire griller le gruau et le son d'avoine sur une tôle, jusqu'à ce que ce soit bien doré. Remuer toutes les minutes pendant environ 5 minutes.

Ajouter les graines de tournesol, les raisins, les dattes et les amandes; griller environ 5 minutes.

Ajouter le miel et l'huile, griller 5 minutes.

Entreposer dans un bocal légèrement fermé.

Donne 500 mL (2 tasses).

Chaque portion plus 125 mL de lait donne

en fer   ★

en protéines   🐟

Mini-crêpes aux fruits

500 mL (2 tasses) de farine de blé entier
250 mL (1 tasse) de céréales de bébé enrichies de fer
15 mL (1 c. à soupe) de levure chimique (poudre à pâte)
15 mL (1 c. à soupe) de cassonade
5 mL (1 c. à thé) de sel
2 mL (1/2 c. à thé) de cannelle
625 mL (2 1/2 tasses) de lait partiellement écrémé
1 oeuf
50 mL (3 c. à soupe) d'huile
le jus d'un-demi citron
125 mL (1/2 tasse) de fruits frais ou surgelés sans sucre
(pêches, fraises, bleuets)

Sur un grand morceau de papier ciré, réunir tous les ingrédients secs, sauf les fruits.

Dans un autre grand bol, mélanger les ingrédients liquides, sauf les fruits.

Verser les ingrédients solides dans les ingrédients liquides et mélanger sans battre; incorporer délicatement les fruits.

Cuire sur une tôle graissée et chaude 3 à 4 minutes.

Donne environ 20 petites crêpes.

Chaque crêpe donne

en protéines

en fer ★★

186

Pain aux dattes

375 mL (1 1/2 tasse) de farine de blé entier, à pâtisserie
5 mL (1 c. à thé) de levure chimique (poudre à pâte)
5 mL (1 c. à thé) de sel
5 mL (1 c. à thé) de bicarbonate de soude (soda à pâte)
175 mL (2/3 tasse) de jus de pomme bouillant
250 mL (1 tasse) de dattes hachées
50 mL (3 c. à soupe) de beurre ou de margarine
75 mL (5 c. à soupe) de sirop d'érable ou de miel
1 oeuf
5 mL (1 c. à thé) de vanille
125 mL (1/2 tasse) de noix hachées

Mélanger la farine, la levure chimique (*poudre à pâte*) et le sel.

Dissoudre le bicarbonate de soude (*soda à pâte*) dans le jus de pomme bouillant et verser sur les dattes.

Battre au mélangeur le beurre et le sirop (miel) jusqu'à consistance crémeuse.

Ajouter l'oeuf et la vanille.

Ajouter à cette préparation les ingrédients secs, en alternant avec les dattes refroidies imbibées de jus.

Ajouter les noix hachées.

Verser dans un moule à pain huilé.

Cuire dans un four à 180°C (350°F), de 45 à 55 minutes.

Donne 22 tranches de 1 cm (1/2 po) d'épaisseur.

Chaque portion donne

en fer ★

Crêpes aux pommes

375 mL (1 1/2 tasse) de lait 2%
250 mL (1 tasse) de gruau d'avoine
30 mL (2 c. à soupe) d'huile
2 oeufs battus
15 mL (1 c. à soupe) de miel ou de sirop d'érable
250 mL (1 tasse) de farine de blé entier
5 mL (1 c. à thé) de levure chimique (poudre à pâte)
1 mL (1/4 c. à thé) de sel
2 mL (1/2 c. à thé) de cannelle
pincée de muscade
1 pomme râpée

Mélanger le gruau et le lait et laisser reposer 5 minutes.

Ajouter l'huile, les oeufs, le miel et bien brasser.

Dans un bol, mélanger la farine, la levure chimique (*poudre à pâte*), le sel et les épices. Incorporer aux liquides.

Ajouter la pomme râpée.

Cuire dans un poêlon légèrement huilé en utilisant 50 mL (3 c. à soupe) de mélange pour chaque crêpe.

Donne 14 crêpes.

Chaque crêpe donne

en protéines

en fibres alimentaires

en fer

Légumes

Carottes en papillote

3 à 4 carottes coupées en bâtonnets
15 mL (1 c. à soupe) de persil haché
30 mL (2 c. à soupe) de beurre ou de margarine
5 mL (1 c. à thé) de jus de citron
sel et poivre au goût
2 grandes feuilles de papier d'aluminium épais, super-
posées

Placer les bâtonnets de carottes sur les feuilles de papier d'aluminium, ajouter le persil, le beurre ou la margarine, le jus de
citron, le sel et le poivre.

Envelopper, sans serrer, sceller le paquet par des doubles plis.
Faire cuire à 8 cm (3 po) des charbons brûlants de 30 à 45 minutes, ou jusqu'à ce que les carottes soient tendres.

Tourner le paquet à mi-temps de cuisson.

Donne de 6 à 8 portions.

Chaque portion donne

en vitamine A

189

Épi de maïs en papillote

1 épis de maïs
1 morceau de papier d'aluminium
beurre ou margarine (facultatif)
sel et poivre au goût

Éplucher partiellement: dégager l'épi de sa pelure presque jusqu'à la base et enlever les soies.

Mettre l'épi sur du papier d'aluminium épais et badigeonner de beurre ou de margarine, si désiré.

Ajouter le sel et le poivre.

Replacer les pelures autour de l'épi.

Envelopper, sceller et tordre les bouts en papillote.

Rôtir sur la grille en tournant souvent le paquet.

Temps de cuisson: de 25 à 30 minutes.

Chaque portion donne

en fibres alimentaires

Légumes dans un verre
Mystère

500 mL (2 tasses) de jus de tomate
250 mL (1 tasse) de germe de luzerne
le jus d'une limette ou d'un demi-citron

Réduire en purée dans un mélangeur le jus et la luzerne assez longtemps pour "liquéfier" la luzerne et ajouter le jus de citron. Verser dans les verres bien froids et servir immédiatement.

Donne 3 ou 4 portions.

Chaque portion donne

en vitamine C

Pamplemousse courgette

500 mL (2 tasses) de jus de pamplemousse
2 petites courgettes (200 g)
romarin

Bien laver la pelure de la courgette, enlever les extrémités et couper en tranches. Passer au mélangeur avec les autres ingrédients jusqu'à consistance lisse. Vérifier l'assaisonnement et rajouter du romarin au besoin. Verser dans les verres bien froids et servir immédiatement.

Donne 4 portions.

Chaque portion donne

en vitamine C

Délice au basilic

250 mL (1 tasse) de jus de tomate
8 feuilles de basilic
jus d'un demi-citron

Passer les ingrédients au mélangeur jusqu'à l'obtention d'une consistance lisse.

Incorporer un ou deux glaçons afin d'obtenir une boisson plus mousseuse.

Servir bien froid.

Donne 2 à 3 portions.

Chaque portion donne

en vitamine C

Surprise au persil

500 mL (2 tasses) de jus d'ananas
375 mL (1 1/2 tasse) de persil frais

Passer au mélangeur jusqu'à ce que le mélange soit homogène. Verser dans des verres bien froids et servir immédiatement.

Donne de 4 à 6 portions.

Chaque portion donne

en vitamine C

Pomme de terre fromagée

1 pomme de terre
30 mL (2 c. à soupe) de fromage râpé
5 mL (1 c. à thé) de persil
5 mL (1 c. à thé) de beurre
sel et poivre au goût
1 feuille de papier d'aluminium

Laver et brosser la pomme de terre.

Couper en deux. Enlever une grosse cuillère à soupe de chair au centre de chaque moitié. Farcir chaque moitié avec le fromage, le persil, le beurre, le sel et le poivre.

Envelopper les deux moitiés dans le papier d'aluminium.

Faire cuire pendant 1 heure. Retourner souvent pendant la cuisson.

Donne 2 portions.

Chaque portion donne

en fibres alimentaires

Potage pomme-navet

5 mL (1 c. à thé) d'huile
1 oignon haché
1 petit navet (260 g) coupé en dés
2 pommes pelées, en cubes
500 mL (2 tasses) de bouillon de poulet
2 mL (1/2 c. à thé) de sel
1 mL (1/4 c. à thé) de poivre
1 mL (1/4 c. à thé) de muscade
500 mL (2 tasses) de lait (facultatif pour une recette sans lait)
125 mL (1/2 tasse) de persil haché

Dans une grande casserole, chauffer l'huile et faire revenir l'oignon. Ajouter le navet, les pommes, le bouillon, le sel, le poivre et la muscade. Couvrir et cuire sur feu lent environ 35 minutes ou jusqu'à ce que le navet soit tendre.

Refroidir légèrement, mettre dans le mélangeur ou le robot et réduire en purée.

Assaisonner au goût. Avant de servir, ajouter le lait et réchauffer. Garnir de persil.

Donne 8 portions.

Chaque portion donne

en calcium

2oz

194

Soupe à la citrouille

1 kg (2 lb) de citrouille coupée en gros morceaux
1 oignon, coupé en 8
750 mL (3 tasses) de bouillon de poulet
30 mL (2 c. à soupe) de gingembre frais râpé
ou 1/2 c. à thé moulu
1 mL (1/4 c. à thé) de cannelle
sel et poivre fraîchement moulu
250 mL (1 tasse) de yogourt nature

Dans une grande casserole, amener tous les ingrédients à ébullition, sauf le yogourt; baisser le feu et laisser mijoter environ 15 minutes, jusqu'à ce que la citrouille soit tendre. Retirer du feu et passer le tout au mélangeur.

Verser la préparation dans la casserole, réchauffer et, à la dernière minute, ajouter le yogourt.

Les soirs de fête, servir dans une citrouille évidée comme soupière ou dans des petites courges d'hiver.

Donne environ 8 petites portions.

Chaque portion donne

en vitamine A

195

Soupe aux carottes

30 mL (2 c. à soupe) de beurre ou de margarine
750 mL (3 tasses) de carottes hachées
500 mL (2 tasses) d'eau ou d'eau de cuisson des légumes
2 mL (1/2 c. à thé) de gingembre
30 mL (2 c. à soupe) de persil haché
250 mL (1 tasse) de lait 2% (facultatif)
15 mL (1 c. à soupe) d'oignons verts hachés finement

Faire sauter les carottes dans le beurre jusqu'à ce qu'elles soient légèrement brunies.

Ajouter le bouillon ou l'eau et les fines herbes et couvrir. Laisser mijoter jusqu'à ce que les carottes soient tendres.

Au mélangeur ou au robot, réduire les carottes en purée.

Réchauffer et ajouter le lait et les oignons verts.

Donne 16 portions de 125 mL (1/2 tasse).

Chaque portion donne

en vitamine A

Salade de chou, pomme et fromage

1/4 d'un petit chou vert (115 g ou 250 mL (1 tasse) râpé en fines lanières)
75 mL (5 c. à soupe) de céleri haché
30 mL (2 c. à soupe) d'oignons verts finement coupés
30 mL (2 c. à soupe) de mayonnaise
30 mL (2 c. à soupe) de yogourt
7 mL (1 1/2 c. à thé) de jus de citron
sel et poivre au goût
soupçon de graines de fenouil
1 pomme moyenne coupée en cubes
50 mL (3 c. à soupe) de fromage cheddar en cubes

Dans un bol, mélanger le chou, le céleri et les oignons verts.

Dans un petit bol, combiner la mayonnaise, le yogourt, le jus de citron, le sel, le poivre et les graines de fenouil. Ajouter au chou, mélanger. Réfrigérer de deux à trois heures.

Avant de servir, ajouter les cubes de pomme et de fromage, bien mêler.

Donne 4 portions.

Chaque portion donne

en calcium

2oz

197

Plats principaux

Burger au thon-fromage

muffin anglais de blé entier
1 oeuf
90 g (3 oz) de thon
15 mL (1 c. à soupe) de yogourt nature
30 mL (2 c. à soupe) de fromage cheddar râpé
sel et poivre au goût

Dans un bol, mélanger l'oeuf, le thon et le yogourt. Saler et poivrer au goût. Étendre sur deux moitiés de muffin anglais. Saupoudrer avec le fromage cheddar.

Envelopper de papier d'aluminium, perforer celui-ci à l'aide d'une fourchette.

Déposer sur le gril et cuire environ 5 minutes.

Donne deux portions.

Chaque portion donne

en protéines

Brochette de poisson

113 g (1/4 lb) de pétoncles
230 g (1/2 lb) de crevettes crues, décortiquées
113 g (1/4 lb) de turbot (ou sole) en 6 cubes de 3 cm
(1 po)
6 têtes de champignons
1 oignon coupé en cubes

MARINADE

30 mL (2 c. à soupe) d'huile végétale
60 mL (4 c. à soupe) de jus de citron
1 oignon émincé
15 mL (1 c. à soupe) de persil haché
5 mL (1 c. à thé) de thym
1 feuille de laurier
1 pincée de poivre
2 gousses d'ail émincées

Mariner tous les ingrédients environ 1 heure au réfrigérateur en tournant les morceaux à l'occasion.

Embrocher, en alternant, pétoncle, oignon, crevette, champignon, turbot.

Faire griller à environ 13 cm (5 po) des charbons, en tournant les brochettes souvent. Pendant la cuisson, arroser avec la marinade.

Faire cuire environ 10 minutes.

    Donne 6 brochettes.

Chaque portion donne

en protéines

Croquettes de saumon

50 mL (3 c. à soupe) d'oignon émincé
3 oignons verts coupés finement
10 mL (2 c. à thé) de beurre ou de margarine
190 g (6 1/2 oz) de saumon frais ou en conserve
250 mL (1 tasse) de fromage cottage
1 oeuf
250 mL (1 tasse) de chapelure de pain de blé entier
5 mL (1 c. à thé) de thym séché
sel et poivre au goût
sauce béchamel ou sauce tartare

Dans un petit poêlon, dorer l'oignon et les oignons verts quelques minutes.

Au robot ou dans un grand bol, bien mélanger les autres ingrédients; ajouter les oignons et vérifier l'assaisonnement.

Déposer sur une tôle graissée en petites croquettes d'environ 50 mL et cuire dans un four de 180°C (350°F) environ 20 minutes.

Servir avec une sauce béchamel ou une sauce tartare maison.

Donne 16 à 18 petites croquettes.

Chaque croquette donne

en protéines

Courgettes en folie

4 (440 g) petites courgettes
250 mL (1 tasse) de pois chiches cuits
1 petit oignon finement coupé
1 gousse d'ail émincée
5 mL (1 c. à thé) d'huile de maïs
5 mL (1 c. à thé) de thym séché
250 mL (125 g) de fromage mozzarella râpé
50 mL (3 c. à soupe) de germe de blé

Laver les courgettes. Les couper en deux dans le sens de la longueur et les vider tout en conservant l'intérieur.

Déposer les courgettes évidées sur une petite tôle.

Tailler la chair de courgette en petits morceaux; écraser les pois chiches et mélanger avec la courgette.

Dorer l'ail et l'oignon dans l'huile quelques minutes seulement. Incorporer le mélange courgettes et pois chiches.

Ajouter le thym et vérifier l'assaisonnement.

Farcir la cavité des courgettes avec le mélange; recouvrir avec un papier d'aluminium et cuire au four à 180°C (350°F), environ 30 minutes, jusqu'à ce que les courgettes soient tendres.

Retirer du four et saupoudrer du fromage râpé puis de germe de blé. Retourner quelques minutes sous le gril pour laisser fondre le fromage.

Donne 8 portions.

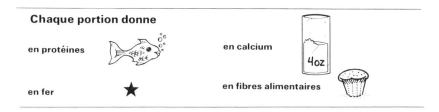

Chaque portion donne

en protéines

en fer

en calcium

en fibres alimentaires

4oz

Fettuccine au thon et aux légumes

1) SAUCE AU FROMAGE
30 mL (2 c. à soupe) de beurre ou de margarine
30 mL (2 c. à soupe) de farine de blé entier
1 mL (1/4 c. à thé) de moutarde sèche
250 mL (1 tasse) de lait 2%
375 mL (1 1/2 tasse) de fromage râpé (250 mL de mozza-rella, 125 mL de cheddar jaune)
sel et poivre

Faire fondre le beurre dans une casserole.

Mélanger la farine et la moutarde sèche et ajouter au beurre fondu.

Ajouter graduellement le lait et cuire sur feu moyen jusqu'à ce que le mélange épaississe.

Retirer du feu et ajouter le fromage râpé.

Saler et poivrer.

Donne environ 180 mL (1 3/4 tasse).

2) LÉGUMES
250 mL (1 tasse) de courgettes
250 mL (1 tasse) de brocoli coupé en petits bouquets

Faire cuire les légumes à la vapeur environ 5 minutes.

3) POISSON
1 boîte de 184 g (6 1/2 oz) de thon

4) PÂTES
625 mL (2 1/2 tasses) de fettuccine aux épinards

Faire cuire "al dente".

Incorporer à la sauce au fromage les légumes et le thon. Bien mélanger et cuire pour réchauffer le tout. Ajouter les pâtes chaudes et servir.

Donne 8 portions.

Chaque portion donne

en protéines

en calcium

Fettuccine florentine

280 g (1 sac de 10 oz) d'épinards frais
50 mL (3 c. à soupe) d'oignon râpé
15 mL (1 c. à soupe) de beurre ou de margarine
125 mL (1/2 tasse) de lait
1 oeuf légèrement battu
250 mL (1 tasse) de fromage feta, émietté
250 mL (1 tasse) de fromage cottage
muscade et poivre, au goût
1 L (4 tasses) de nouilles aux épinards ou aux oeufs, cuites
(200 g, non cuites)

Laver les épinards, égoutter le plus gros de l'eau et déposer dans une casserole. Recouvrir; cuire tout d'abord sur feu vif et au moment où le couvercle est chaud, baisser le feu et cuire 3 à 5 minutes, le temps de faire tomber les épinards. Égoutter et couper finement.

Dans un grand poêlon, dorer l'oignon dans le gras jusqu'à ce qu'il soit transparent. Ajouter les épinards et cuire quelques minutes. Retirer du feu et refroidir légèrement. Ajouter l'oeuf, le lait, les fromages et les assaisonnements. Bien mélanger et cuire pour réchauffer le tout. Incorporer les nouilles chaudes et servir.

Donne 8 portions.

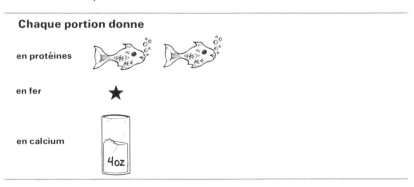

204

Fondue au fromage

375 mL (1 1/2 tasse) de légumes crus coupés en morceaux
(bouquets de brocoli et chou-fleur, carottes, champignons,
piments verts, rouges, courgettes)
125 mL (1/2 tasse) de fromage cottage
125 mL (1/2 tasse) de lait 2%
15 mL (1 c. à soupe) de margarine
1/2 gousse d'ail (facultatif)
2 mL (1/2 c. à thé) de moutarde sèche
1 mL (1/4 c. à thé) de muscade
15 mL (1 c. à soupe) de fécule de maïs
200 mL (3/4 tasse) de fromage suisse râpé
cubes de pain de blé entier

Cuire les légumes à la vapeur (excepté champignons, piments,
courgettes) environ cinq minutes.

Au mélangeur ou au robot, réduire en purée, le fromage cottage
et 50 mL (3 c. à soupe) de lait.

Dans une casserole, faire fondre la margarine, ajouter l'ail, la
moutarde et la muscade. Cuire environ une minute sur un feu
moyen. Incorporer la fécule, le fromage cottage et le reste du lait
et cuire jusqu'à épaississement.

Diminuer la température et faire fondre le fromage suisse dans le
mélange.

Verser le tout dans un caquelon à fondue. Servir avec du pain et
les légumes.

Donne 6 portions.

Chaque portion donne

en protéines en calcium

Grilled cheese

2 tranches de pain de blé entier
1 tranche de fromage
beurre (facultatif)
quelques tranches de tomates (facultatif)

Faire griller de chaque côté un sandwich de blé entier au fromage.

Pour plus de saveur, beurrer légèrement chaque tranche qui sera rôtie sur le gril.

À la fin de la cuisson, quelques tranches de tomates peuvent être ajoutées.

Donne 2 portions.

Chaque portion donne

en protéines

206

Paella aux crevettes

30 mL (2 c. à soupe) d'huile d'olive
1/2 oignon finement tranché
1 gousse d'ail hachée finement
1/2 poivron vert
125 mL (1/2 tasse) de riz brun, trempé 30 minutes dans l'eau froide et égoutté
175 mL (2/3 tasse) de bouillon de légumes
1 grosse tomate blanchie, pelée, épépinée et hachée
125 mL (1/2 tasse) de petits pois surgelés
1 pincée de safran
1/2 petit poulet divisé en 4 morceaux
110 g (4 oz) de crevettes

Faire dorer le poulet jusqu'à ce qu'il soit bien cuit, déposer dans un autre plat.

Faire dorer l'oignon, l'ail et le poivron de 5 à 7 minutes.

Incorporer le riz et continuer à cuire 5 minutes en remuant de temps à autre.

Verser le bouillon, porter à ébullition et baisser le feu.

Ajouter le reste des ingrédients et le poulet, mettre au four à 180°C (350°F) environ 30 minutes ou jusqu'à ce que le riz soit cuit.

Donne 4 ou 5 portions.

Chaque portion donne

en protéines

Pain pita farci

1 pain pita de blé entier
125 mL de poulet cuit coupé en cubes (1/2 tasse)
50 mL (3 c. à soupe) de fromage cheddar en cubes (1 oz)
1 tomate en cubes
50 mL (3 c. à soupe) de champignons coupés
luzerne ou laitue

Farcir le pain pita (en ouvrant une extrémité) avec le poulet, le fromage, les morceaux de tomate et les champignons.

Griller sur le feu jusqu'à ce qu'il soit doré.

Ajouter de la verdure (luzerne, laitue) et la vinaigrette au yogourt (30 mL (2 c. à soupe).

Couper en deux.

Donne 2 portions.

VINAIGRETTE AU YOGOURT

5 mL (1 c. à thé) de moutarde de Dijon
15 mL (1 c. à soupe) de vinaigre de cidre
10 mL (2 c. à thé) de miel
175 mL (2/3 tasse) de yogourt nature
50 mL (3 c. à soupe) de mayonnaise
sel et poivre au goût

Donne 250 mL (1 tasse).

Chaque portion donne

en protéines

Pain de viande camouflé
au coulis de tomates fraîches

250 g (1/2 lb) de boeuf haché maigre
50 mL (3 c. à soupe) de gruau d'avoine
60 mL (4 c. à soupe) de germe de blé
125 mL (1/2 tasse) de pois chiches
30 mL (2 c. à soupe) d'oignon émincé
1/4 boîte de pâte de tomate de 156 mL (5 1/2 oz)
1 oeuf
sel et poivre au goût

Écraser les pois chiches à la fourchette et mélanger avec tous les ingrédients.

Presser dans un moule à pain.

Cuire dans un four à 180°C (350°F) environ 1 heure.

* **Servir avec un coulis de tomates fraîches (voir recette qui suit).**

Donne 5 portions.

Coulis de tomates fraîches

1 gousse d'ail émincée
45 mL (3 c. à soupe) d'oignon émincé
15 mL (1 c. à soupe) d'huile d'olive
2 ou 3 tomates mûries à point
5 mL (1 c. à thé) de thym séché
sel et poivre au goût
fond de volaille ou eau de cuisson des légumes (facultatif)

Faire dorer l'ail et l'oignon dans l'huile pendant quelques minutes. Apprêter les tomates, les couper en petits morceaux et ajouter au mélange l'ail et l'oignon, ainsi que le thym.

Faire cuire sur feu doux environ dix minutes ou jusqu'à ce que la préparation soit épaisse. Retirer du feu et passer au mélangeur jusqu'à consistance lisse. Vérifier l'assaisonnement, saler et poivrer. Si la sauce est trop épaisse, ajouter environ deux cuillerées de fond ou une cuillerée d'eau de cuisson de légumes.

Donne 250 mL (1 tasse).

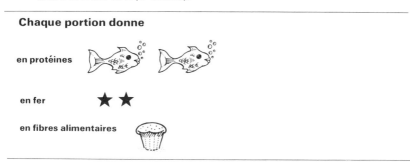

Chaque portion donne

en protéines

en fer

en fibres alimentaires

Pâté chinois vitaminé

250 g (1/2 lb) de boeuf haché maigre
250 mL (1 tasse) de lentilles rouges non cuites
3 carottes coupées en fines rondelles
325 mL (1 1/2 tasse) de bouillon de poulet
1 gros oignon finement haché
1 gros poivron finement haché
10 mL (2 c. à thé) d'huile
30 mL (2 c. à soupe) de persil frais haché
392 g (14 oz) de maïs en crème
sel et poivre au goût
4 grosses pommes de terre, pelées et coupées en 4
lait et beurre ou margarine, au goût

Dans une casserole moyenne, verser le bouillon; ajouter les lentilles rouges et les rondelles de carottes: cuire de 10 à 15 minutes, ou jusqu'à ce que le liquide soit presque complètement absorbé et que les lentilles et les carottes soient tendres.

Dans une autre casserole, cuire les pommes de terre à la vapeur, de 15 à 20 minutes, jusqu'à ce qu'elles soient bien tendres; retirer du feu, réduire en purée en incorporant un peu de lait et de beurre ou de margarine.

Pendant que les pommes de terre cuisent, faire dorer l'oignon et le poivron dans l'huile; ajouter le boeuf haché et cuire jusqu'à ce que la viande soit brune. Ajouter le persil et assaisonner au goût.

Mélanger la préparation de lentilles cuites au boeuf-légumes; incorporer le maïs en crème. Verser le tout dans un plat allant au four. Recouvrir de la purée de pommes de terre et cuire dans un four à 180°C (350°F) environ 45 minutes.

Servir chaud avec une petite salade de chou ou de laitue.

Donne de 8 à 10 portions.

Chaque portion donne

en protéines   en fer   ★ ★

Petits pâtés fortifiés

300 g (10 oz) de foie de porc
500 g (1 lb) de boeuf haché maigre
1 oeuf
1 petite pomme de terre crue râpée
125 mL (1/2 tasse) de crème de blé "enrichie", non cuite
50 mL (3 c. à soupe) de poudre de lait écrémé
1 oignon émincé
5 mL (1 c. à thé) de sel
poivre fraîchement moulu
15 mL (1 c. à soupe) de moutarde de Dijon
30 mL (2 c. à soupe) de pâte de tomate

Hacher le foie de porc cru, avec l'aide du mélangeur ou du robot. Dans un grand bol, mélanger le reste des ingrédients et ajouter le foie de porc haché.

Verser la préparation dans des petits moules à muffins graissés. (À ce stade, les petits pâtés peuvent être congelés.)

Au moment de s'en servir, cuire au four le nombre de pâtés désiré, à 180°C (350°F), de 45 à 60 minutes. Si la préparation n'a pas été congelée, la cuisson sera d'environ 30 minutes seulement.

Servir avec un coulis de tomates fraîches ou une marinade maison.

Donne 12 petits pâtés.

Chaque petit pâté donne

en fer ★ ★ ★

Pizza minute

**300 mL (1 1/4 tasse) de farine de blé entier, à pâtisserie
une pincée de sel
50 mL (3 c. à soupe) d'huile
50 mL (3 c. à soupe) d'eau
125 mL (1/2 tasse) de sauce tomate
120 g (4 oz) de fromage mozzarella râpé
300 mL (1 1/4 tasse) de légumes tranchés finement (poivrons, champignons, courgettes, brocoli, céleri ou autre
crudité)
50 mL (2 c. à soupe) de fromage parmesan râpé**

Dans un bol moyen, mélanger la farine et le sel. Dans une tasse
à mesurer, mélanger l'huile et l'eau. Faire un puits au centre des
ingrédients secs et verser le mélange liquide; mélanger avec une
fourchette et façonner en boule.

Étendre avec les doigts dans une assiette à tarte de 23 cm
(9 po) ou rouler avec un rouleau de façon à ce que la pâte ne
remonte pas de plus de 2,5 cm (1 po) sur les côtés. Cuire dans un
four à 190°C (375°F) 15 minutes et retirer.

Verser la sauce tomate; recouvrir avec le fromage râpé et tous les
légumes.

Terminer avec le fromage parmesan.

Cuire à 190°C (375°F) encore 10 à 15 minutes.

Donne 6 portions environ.

Chaque pointe donne

en protéines

en calcium

2 oz

en fer ★

Potage aux lentilles et aux pommes

1 gros oignon émincé
1 grosse pomme pelée, coupée finement ou 2 petites
15 mL (1 c. à soupe) de beurre ou de margarine
15 mL (1 c. à soupe) d'huile
30 mL (2 c. à soupe) de farine
1 L (4 tasses) de bouillon de poulet ou d'eau de cuisson de légumes
250 mL (1 tasse) de lentilles rouges, sèches
30 mL (2 c. à soupe) de persil finement haché
sel et poivre

Dorer l'oignon et la pomme dans le gras quelques minutes, puis ajouter la farine.

Ajouter le bouillon de poulet graduellement et amener à ébullition. Ajouter les lentilles et laisser mijoter sur feu doux 30 minutes.

Saupoudrer de persil et assaisonner de sel et de poivre au goût.

Donne 8 petites portions.

Chaque portion donne

en protéines

en fer ★ ★

en fibres alimentaires

Poulet aux amandes

30 mL (2 c. à soupe) d'huile
500 mL (2 tasses) de poulet cuit
250 mL (1 tasse) de carottes coupées mince
250 mL (1 tasse) de haricots verts en morceaux
de 3 cm (1 po)
250 mL (1 tasse) de chou-fleur tranché finement
125 mL (1/2 tasse) d'oignons verts
10 mL (2 c. à thé) de fécule de maïs
1 gousse d'ail
125 mL (1/2 tasse) d'amandes hachées
250 mL (1 tasse) de bouillon de poulet

Cuire dans l'huile chaude les carottes, les haricots ou le brocoli pendant 2 minutes. Ajouter le chou-fleur, les oignons verts et cuire une autre minute. Incorporer le bouillon de poulet, la fécule de maïs, l'ail et cuire jusqu'à épaississement.

Ajouter le poulet et les amandes, mélanger pour réchauffer.

Donne 8 portions.

Chaque portion donne

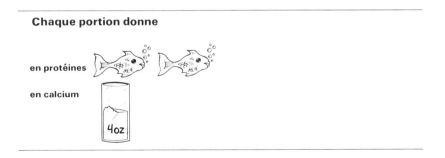

en protéines

en calcium

215

Quenelles "mystère" au foie de veau

1 1/2 tranche de pain de blé entier
60 mL (4 c. à soupe) de lait
125 mL (1/2 tasse) d'oignon coupé finement
1 gousse d'ail émincée
10 mL (2 c. à thé) d'huile
180 g (6 oz) de foie de veau
2 petites tranches de bacon, coupées en petits morceaux
30 mL (2 c. à soupe) de persil finement coupé
1 mL (1/4 c. à thé) de sel et de poivre
50 mL (3 c. à soupe) de farine de blé entier
1 oeuf
une pincée de muscade

Au robot ou au mélangeur, réduire la tranche de pain en chapelure; verser dans un petit bol et recouvrir avec le lait.

Dans un poêlon, dorer l'ail et l'oignon dans l'huile, sur feu doux, 3 à 4 minutes seulement. Verser le tout dans le bol du robot ou du mélangeur; ajouter le foie, le bacon, le persil, le sel et le poivre. Réduire en purée; ajouter la farine, l'oeuf, la muscade et le pain trempé; mélanger quelques secondes de plus.

Verser dans une grande casserole l'équivalent de 5 cm (2 po) d'eau; faire mijoter et non bouillir. Déposer dans l'eau qui mijote 50 mL (1/4 tasse) de mélange par quenelle. Pocher de 10 à 12 minutes. Retirer avec une cuillère "trouée" pour bien égoutter. Conserver au chaud, bien recouvert, dans un four d'environ 150°C (300°F). Servir avec un coulis de tomates.

Donne 10 quenelles.

Il est possible de réfrigérer les quenelles 2 ou 3 jours et de les réchauffer au four, à la dernière minute.

Chaque quenelle donne

en protéines   en fer   ★

Quiche aux épinards

CROÛTE:
200 mL (3/4 tasse) de farine de blé entier
50 mL (3 c. à soupe) de germe de blé
pincée de sel
50 mL (3 c. à soupe) d'huile
30 mL (2 c. à soupe) d'eau froide

Mélanger les ingrédients secs dans un bol et former un puits au centre. Mélanger huile et eau ensemble; incorporer aux ingrédients secs. Mélanger jusqu'à ce que tous les ingrédients soient humides. Dans une assiette à tarte de 20 cm (8 po) étendre la pâte avec les doigts de façon uniforme.

GARNITURE:
2 oeufs
240 g (8 oz) de tofu
300 g (1 sac de 10 oz) d'épinards frais
2 mL (1/2 c. à thé) de muscade
125 mL (1/2 tasse) d'oignon émincé
10 mL (2 c. à thé) d'huile
sel et poivre au goût

Laver les épinards; égoutter légèrement, déposer dans une casserole et cuire environ 5 minutes seulement. Égoutter et couper finement à l'aide de deux couteaux; égoutter de nouveau.

Dorer l'oignon dans l'huile quelques minutes jusqu'à ce qu'il soit transparent. Incorporer aux épinards.

Au mélangeur ou au robot, mélanger les oeufs et le tofu; ajouter la muscade, le sel et le poivre au goût. Verser la préparation sur le mélange d'épinards; vérifier l'assaisonnement et verser dans la croûte.

Cuire à 190°C (375°F) environ 30 minutes, jusqu'à consistance ferme.

Servir avec un coulis de tomates fraîches ou une sauce tomate maison.

Donne 8 petites portions.

Chaque portion donne

en protéines

en fer

en calcium

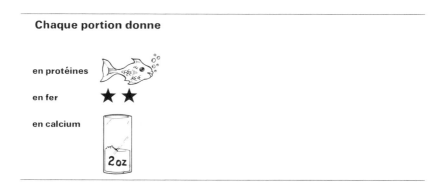

Quiche au saumon et au brocoli

1 fond de tarte que l'on aura fait cuire environ 5 minutes
180 g (6 oz) de saumon frais ou en conserve
200 mL (3/4 tasse) de fromage cottage
50 mL (3 c. à soupe) de fromage cheddar râpé
2 oeufs
250 mL (1 tasse) de lait
300 mL (1 1/4 tasse) de brocoli défait en petits bouquets
une pincée de muscade

Bien mélanger le saumon et le fromage cottage et déposer dans le fond de tarte mi-cuit. Ajouter le brocoli. Battre les oeufs au fouet; ajouter le lait et la muscade et verser sur le tout. Saupoudrer avec le fromage cheddar.

Cuire dans un four de 190°C (375°F) environ 45 minutes ou jusqu'à ce que la préparation soit uniformément prise et dorée.

Donne de 6 à 8 portions.

Chaque portion donne

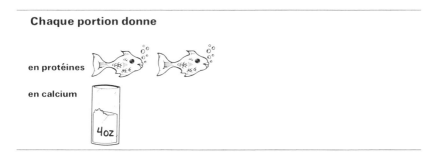

en protéines

en calcium

Soufflé au saumon

439 g (15 1/2 oz) de saumon en conserve
50 mL (3 c. à soupe) de beurre
60 mL (4 c. à soupe) de farine
250 mL (1 tasse) de liquide ou (150 mL de lait plus le liquide du saumon)
3 jaunes d'oeufs battus
3 blancs d'oeufs battus (ferme)
poivre au goût

Égoutter le saumon, l'émietter.

Faire une sauce blanche avec le beurre, la farine et le liquide.

Poivrer. Laisser refroidir légèrement et incorporer les jaunes battus, le saumon et ensuite les blancs.

Verser dans une cocotte allant au four, non graissée.

Déposer ce plat dans un autre plat avec 3 cm (1 po) d'eau.

Cuire au four à 180°C (350°F), 45 minutes.

Donne 10 portions.

Chaque portion donne

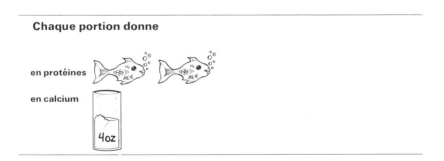

en protéines

en calcium

Tarte aux légumes

1 fond de tarte de blé entier que l'on aura fait cuire environ 5 minutes
375 mL (1 1/2 tasse) de courgettes finement coupées
375 mL (1 1/2 tasse) de champignons frais, coupés en morceaux
250 mL (1 tasse) de brocoli frais coupé en petits morceaux
15 mL (1 c. à soupe) de beurre ou de margarine
15 mL (1 c. à soupe) d'huile
250 mL (1 tasse) de lait
30 mL (2 c. à soupe) de farine de blé entier
3 oeufs
120 g (1 tasse) de fromage râpé
sel et poivre au goût
graines de sésame

Dans un grand poêlon ou un wok dorer les légumes dans le gras quelques minutes, juste pour les amollir légèrement. Déposer dans le fond de tarte.

Au robot ou au mélangeur, verser le lait, la farine, les oeufs et le fromage et mélanger jusqu'à ce que le tout ait belle consistance. Assaisonner de sel et de poivre au goût. Verser le tout sur les légumes. Saupoudrer de graines de sésame.

Cuire au four à 220°C (425°F) de 20 à 30 minutes jusqu'à ce que le mélange prenne.

Donne de 6 à 8 petites portions.

Chaque portion donne

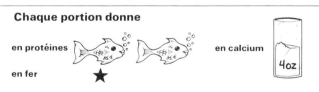

en protéines

en calcium

en fer

221

Desserts

Brochette de fruits

1 banane coupée en quatre
1 tranche d'ananas coupée en quatre
1 orange sectionnée
1 pomme sectionnée
1 pêche coupée en morceaux
4 pruneaux secs sans noyaux
yogourt nature (facultatif)
noix hachées ou noix de coco râpée, au goût

MARINADE À FRUITS
125 mL (1/2 tasse) de jus d'orange non sucré
125 mL (1/2 tasse) de jus d'ananas
30 mL (2 c. à soupe) de jus de citron
30 mL (2 c. à soupe) de miel
2 mL (1/2 c. à thé) de cannelle
2 mL (1/2 c. à thé) de gingembre

Faire mariner les fruits 1 heure. Les égoutter et les enfiler en alternant sur 4 brochettes. Griller de 7 à 10 minutes.

Servir ces brochettes nappées de marinade ou de yogourt nature, enrobées de noix hachées ou de noix de coco grillée.

Donne 4 portions.

Chaque portion donne

en vitamine C

Compote miracle

5 grosses pommes (1 kg)
250 mL (375 g) de pruneaux dénoyautés
125 mL (1/2 tasse) de jus de pomme

Couper les pommes en quartiers; retirer le coeur et la queue. Dans une grande casserole, déposer tous les ingrédients et laisser mijoter sur feu moyen environ 30 minutes ou jusqu'à ce que les pommes soient bien tendres.

Retirer du feu et verser une partie de la préparation dans le bol du mélangeur ou du robot; réduire en purée et verser dans un compotier; procéder de la même façon avec l'autre moitié de la préparation.

Conserver au réfrigérateur.

Donne environ 500 mL (2 tasses).

Une portion de 50 mL (3 c. à soupe) donne

en fibres alimentaires

Compote printemps

500 mL (2 tasses) de rhubarbe fraîche
500 mL (2 tasses) de pommes
125 m L (1/2 tasse) de raisins secs
75 mL (5 c. à soupe) d'eau
pincée de cannelle

Tailler la rhubarbe en morceaux d'environ 5 cm (2 po). Peler et couper les pommes en quartiers; retirer le coeur. Mettre tous les ingrédients dans une casserole, sauf la cannelle, et laisser mijoter jusqu'à ce que les pommes soient tendres. Verser le tout dans un robot ou un mélangeur et réduire en purée. Ajouter de la cannelle au goût. Conserver au réfrigérateur.

Donne environ 500 mL (2 tasses).

Une portion de 50 mL (3 c. à soupe) donne

en fibres alimentaires

Croustade aux bleuets

500 mL (2 tasses) de bleuets frais ou surgelés sans sucre
4 pommes fraîches, pelées et coupées en morceaux
250 mL (1 tasse) de farine de blé entier
75 mL (5 c. à soupe) de cassonade
5 mL (1 c. à thé) de levure chimique (poudre à pâte)
2 mL (1/2 c. à thé) de sel
1 oeuf battu
2 mL (1/2 c. à thé) de cannelle

Dans un plat carré en pyrex, déposer les bleuets et les pommes; mélanger légèrement. Dans un autre bol, mélanger farine, cassonade, *poudre à pâte* et sel. Incorporer l'oeuf battu et mélanger jusqu'à consistance granuleuse. Verser ce mélange sur les fruits et saupoudrer généreusement de cannelle.
Cuire 30 minutes dans un four à 190°C (375°F).

Donne 8 portions.

Une portion donne

en protéines

Flan aux pommes et aux amandes

100 mL (1/3 tasse) d'amandes avec la peau
1 biscuit de blé filamenté
4 pommes moyennes, pelées et tranchées finement
100 mL (1/3 tasse) de raisins secs
le zeste d'une moitié d'orange et d'une moitié de citron
250 mL (1 tasse) de lait
2 oeufs
1 banane

Au robot ou au mélangeur, réduire en chapelure les amandes et le blé filamenté.

Graisser un plat allant au four; saupoudrer le fond avec le tiers de la chapelure d'amandes; recouvrir d'un étage de pommes; recouvrir de la moitié des raisins secs et du zeste; recommencer les étages et terminer avec la chapelure d'amandes.

Au robot ou au mélangeur, mélanger le lait, les oeufs et la banane; verser sur les fruits. Cuire dans un four à 180°C (350°F), environ 45 minutes, jusqu'à ce que le flan soit ferme et que le dessus soit doré.

Donne 8 portions.

Dessert sans sucre, riche en protéines.
Peut compléter un repas léger.

Une portion donne

en protéines

Gâteau à la caroube

375 mL (1 1/2 tasse) de farine de blé entier, à pâtisserie
125 mL (1/2 tasse) de sucre brun
50 mL (3 c. à soupe) de poudre de caroube
5 mL (1 c. à thé) de bicarbonate de soude (soda à pâte)
2 mL (1/2 c. à thé) de sel
250 mL (1 tasse) d'eau
90 mL (6 c. à soupe) d'huile de tournesol
15 mL (1 c. à soupe) de vinaigre
5 mL (1 c. à thé) de vanille

Dans un moule carré de 20 cm (8 po), mélanger les ingrédients secs. Faire un puits au centre et ajouter les ingrédients liquides.

Brasser jusqu'à ce que le tout soit bien homogène.

Cuire dans un four à 180°C (350°F) de 30 à 35 minutes.

Servir chaud avec du yogourt nature.

Gâteau de crème de blé parfumé au citron et à la cannelle

GÂTEAU

50 mL (3 c. à soupe) de beurre ou de margarine
50 mL (3 c. à soupe) de cassonade
2 oeufs
250 mL (1 tasse) de crème de blé enrichi
125 mL (1/2 tasse) d'amandes broyées
5 mL (1 c. à thé) de cannelle
2 mL (1/2 c. à thé) de vanille

SIROP

250 mL (1 tasse) d'eau
50 mL (3 c. à soupe) de cassonade
30 mL (2 c. à soupe) de jus de citron
le zeste d'un demi-citron

Battre ensemble le beurre et la cassonade jusqu'à consistance légère et jusqu'à ce que la cassonade soit bien "dissoute" dans le gras. Ajouter les oeufs et battre le tout. Incorporer les autres ingrédients du gâteau et bien mélanger. Verser dans un moule carré bien graissé de 20 × 20 cm (8 × 8 po). Cuire au four à 180°C (350°F) de 40 à 50 minutes, jusqu'à ce qu'une lame de couteau ressorte propre du milieu du gâteau. Refroidir 10 minutes puis verser le sirop encore chaud.

Pour le sirop, mélanger tous les ingrédients dans une petite casserole et amener à ébullition; laisser mijoter 10 minutes. Verser sur le gâteau chaud et laisser reposer au moins 30 minutes avant de servir.

Couper en carrés de 5 cm (2 po) et servir, si désiré, avec un nuage de yogourt nature.

Donne 16 carrés.

Chaque carré donne   en fer ★

Gelée de jus de pruneaux

1 sachet de gélatine sans saveur
50 mL (3 c. à soupe) de jus d'orange
250 mL (1 tasse) de jus de pruneaux
125 mL (1/2 tasse) de jus d'orange
1 petite banane

Dans un bol moyen, gonfler la gélatine en saupoudrant le contenu du sachet dans 50 mL (3 c. à soupe) de jus d'orange. Chauffer le jus de pruneaux jusqu'à ébullition. Pendant ce temps, réduire en une purée lisse le reste du jus d'orange et la banane, au mélangeur.

Lorsque le jus de pruneaux est bien chaud, verser sur la gélatine gonflée et mélanger pour bien la dissoudre. Ajouter le liquide froid et mélanger le tout. Réfrigérer environ 2 heures. Servir nature ou avec un nuage de yogourt parfumé à la vanille.

Donne 6 petites portions.

Chaque portion donne

en fer ★

Gelée soleil aux dattes et aux abricots

125 mL (1/2 tasse) d'abricots séchés hachés
125 mL (1/2 tasse) de dattes hachées
175 mL (2/3 tasse) d'eau
50 mL (3 c. à soupe) d'eau
1 sachet de gélatine sans saveur
175 mL (2/3 tasse) de concentré de jus de raisin blanc
5 mL (1 c. à thé) de vanille

Sur feu doux, laisser mijoter les abricots et les dattes dans l'eau.

Dans un grand bol, verser les 50 mL (3 c. à soupe) d'eau, saupoudrer de gélatine et laisser gonfler environ 10 minutes.

Retirer du feu la préparation de fruits secs et d'eau chaude, mettre dans le mélangeur ou le robot et réduire en purée; verser sur la gélatine gonflée et bien dissoudre. Ajouter le jus de raisin froid et la vanille et bien mélanger. Verser dans des petits plats individuels et laisser prendre quelques heures au réfrigérateur.

Servir nappé d'un nuage de yogourt nature, si désiré.

Donne 6 petites portions.

Chaque portion donne

en fer ★

en vitamine A

230

Muffins aux bananes et aux amandes

125 mL (1/2 tasse) de gruau d'avoine moulu
125 mL (1/2 tasse) de son d'avoine
125 mL (1/2 tasse) de fécule de pomme de terre
50 mL (3 c. à soupe) de farine de riz
50 mL (3 c. à soupe) de farine de soya
2 mL (1/2 c. à thé) de muscade
2 mL (1/2 c. à thé) de sel
5 mL (1 c. à thé) de bicarbonate de soude (soda à pâte)
2 bananes, mûres, en purée
15 mL (1 c. à soupe) de vinaigre blanc
75 mL (5 c. à soupe) d'huile de tournesol
75 mL (5 c. à soupe) de sirop d'érable ou de miel
15 mL (1 c. à soupe) d'essence d'amande
250 mL (1 tasse) de lait d'amandes (voir page 238)

Bien graisser des moules à muffins.

Au robot ou au mélangeur, réduire en chapelure le gruau d'avoine afin d'obtenir 125 mL (1/2 tasse).

Verser dans un bol et ajouter les ingrédients secs, bien mélanger.

Au robot ou au mélangeur, réduire les bananes en purée, ajouter le reste des ingrédients liquides. Verser dans un bol et incorporer les ingrédients secs. Mélanger juste pour bien humecter. Verser dans les moules à muffins.

Cuire dans un four à 190°C (375°F), 20 minutes.

Donne 12 muffins moyens.

Chaque muffin donne

en protéines

en fibres alimentaires

Muffins à l'orange

1 orange, non pelée, coupée en quartiers
125 mL (1/2 tasse) de jus d'orange
125 mL (1/2 tasse) de dattes hachées
1 oeuf
50 mL (3 c. à soupe) d'huile
50 mL (3 c. à soupe) de miel
250 mL (1 tasse) de farine de blé entier, à pâtisserie
500 mL (2 tasses) de céréales enrichies pour bébés
10 mL (2 c. à thé) de levure chimique (poudre à pâte)
2 mL (1/2 c. à thé) de sel

Au mélangeur ou au robot, réduire l'orange en purée. Ajouter le jus, les dattes hachées, l'oeuf, l'huile et le miel jusqu'à ce que le tout soit bien mélangé.

Dans un grand bol, mélanger les ingrédients secs. Verser les ingrédients liquides sur les ingrédients secs et brasser juste assez pour humecter le tout.

Verser la préparation dans des moules à muffins bien graissés. Cuire à 200°C (400°F), environ 15 minutes.

Donne 12 muffins.

Chaque muffin donne

en fer ★★

Muffins au son

250 mL (1 tasse) de farine de blé entier
250 mL (1 tasse) de son de blé naturel
50 mL (3 c. à soupe) de sucre brun
7 mL (1 1/2 c. à thé) de levure chimique (poudre à pâte)
2 mL (1/2 c. à thé) de bicarbonate de soude (soda à pâte)
2 mL (1/2 c. à thé) de sel
50 mL (3 c. à soupe) d'huile
125 mL (1/2 tasse) de jus d'orange non sucré
125 mL (1/2 tasse) de nectar de pruneaux non sucré
2 oeufs

Bien graisser des moules à muffins.

Dans un grand bol, mélanger les ingrédients secs; dans un autre bol, mélanger tous les ingrédients liquides.

Incorporer les ingrédients liquides aux ingrédients secs juste pour bien humecter le tout. Verser dans les moules à muffins.

Cuire dans un four à 180°C (350°F) de 45 à 55 minutes.

Donne 12 muffins moyens.

Chaque muffin donne

en fibres alimentaires

Oranges glacées

4 oranges
125 mL (1/2 tasse) de yogourt nature
15 mL (1 c. à soupe) de miel

Couper les oranges en deux, les vider en conservant la pulpe. (Enlever la membrane centrale blanche.)

Congeler les demi-oranges vides.

Pendant ce temps réduire en purée le yogourt, le miel et la pulpe. Mettre au congélateur une heure.

Retirer du congélateur le mélange, brasser au fouet ou au malaxeur. Remplir les cavités des oranges, recongeler et bien envelopper.

Sortir du congélateur une demi-heure avant de les manger.

Donne de 4 à 8 portions.

Chaque portion donne

en vitamine C

Crème glacée à l'orange

1 boîte de lait concentré (évaporé) de 385 mL (environ 14 oz)

250 mL (1 tasse) de jus d'orange concentré surgelé (dégelé)

30 mL (2 c. à soupe) de sucre blanc ou de miel

Verser le lait évaporé dans un bol de métal et congeler jusqu'à la formation de cristaux sur les bords du récipient.

Battre le lait au mélangeur, afin d'obtenir des pics fermes (à peu près 5 minutes).

Ajouter le jus d'orange et le sucre*.

Remettre au congélateur de 1 h 30 à 2 h ou jusqu'à ce que le mélange soit presque ferme. Servir.

Pour obtenir une meilleure consistance, il est recommandé de brasser de nouveau et de recongeler jusqu'à ce que le tout soit bien ferme.

Donne 10 portions.

* **Ici, le mélange peut être servi comme une mousse à l'orange, ou crème fouettée à l'orange.**

Servir avec quelques tranches d'oranges.

CONTIENT 40 FOIS PLUS DE VITAMINE C ET 2 FOIS MOINS DE GRAS QU'UNE CRÈME GLACÉE À LA VANILLE.

Chaque portion donne

en calcium

2 oz

en vitamine C

en protéines

Pomme grillée sur bâton

1 pomme
1 bâton

Utiliser un bâton taillé à partir d'une branche d'arbre avec une extrémité en forme de "Y". Introduire la pomme avec la pelure. Griller sur le "feu de camp" ou au-dessus du barbecue.

Sous surveillance, les enfants peuvent s'affairer eux-mêmes à la cuisson de leur pomme. La pomme doit être bien solide sur le bâton au début de la cuisson, car à la fin de la cuisson elle peut facilement tomber dans le feu.

Une pomme donne

en fibres alimentaires

236

Autres

Lait d'amandes et de sésame (dilué)

125 mL (1/2 tasse) d'amandes "blanchies" (sans peau)
125 mL (1/2 tasse) de graines de sésame non décortiquées
un soupçon de sel
15 mL (1 c. à soupe) d'huile
15 à 30 mL (1 à 2 c. à soupe) de miel
1 litre (4 tasses) d'eau bouillante

Au mélangeur, déposer tous les ingrédients sauf l'eau bouillante. Verser l'eau bouillante graduellement, en mélangeant jusqu'à consistance homogène. Goûter et ajuster la quantité de miel au besoin. Filtrer à travers un coton à fromage; réfrigérer le liquide et conserver le résidu de noix pour des biscuits.

Donne 1 litre (4 tasses).

Une portion de 250 mL (1 tasse) donne

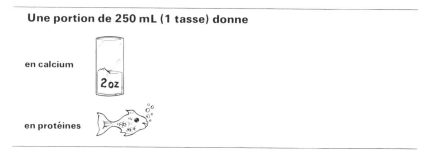

en calcium

en protéines

237

Lait d'amandes concentré

1 sac d'amandes de 100 g, sans écales
15 mL (1 c. à soupe) d'huile végétale
15 mL (1 c. à soupe) de miel ou de sirop d'érable
125 mL (1/2 tasse) d'eau

À l'aide d'un mélangeur ou d'un robot, réduire les amandes en poudre.

Ajouter le reste des ingrédients et bien mélanger pour rendre bien homogène.

Donne 250 mL (1 tasse).

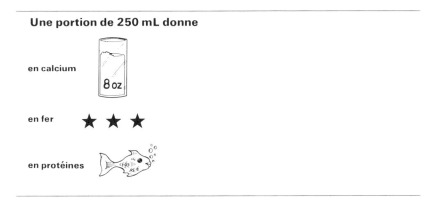

Une portion de 250 mL donne

en calcium

en fer ★ ★ ★

en protéines

Sauce à salade au tahini

125 mL (1/2 tasse) d'eau
125 mL (1/2 tasse) de beurre de sésame
15 mL (1 c. à soupe) de jus de citron frais
1 gousse d'ail émincée
pincée de thym
pincée de basilic

Mettre les ingrédients au mélangeur.
Mélanger environ 1 minute.

Donne 250 mL (1 tasse).

Meilleur fait une journée à l'avance.
Peut être réfrigéré 2 semaines.

Vinaigrette minceur

50 mL (3 c. à soupe) de yogourt au lait partiellement écrémé
5 mL (1 c. à thé) de vinaigre
5 mL (1 c. à thé) de moutarde préparée
1 mL (1/4 c. à thé) de sel
1 mL (1/4 c. à thé) de poivre

Bien mélanger tous les ingrédients.
Donne 4 portions de 15 mL (1 c. à soupe).

Chaque portion contient 9 calories.
Une portion de mayonnaise contient 9 fois plus de calories.

Appendice A

Tableaux de chaque élément nutritif et des meilleures sources alimentaires

CALCIUM

RÔLE

— participe à la formation et à l'entretien des os et des dents;
— intervient dans le fonctionnement du système nerveux, du travail musculaire et dans la coagulation du sang.

ORIGINE ANIMALE	mg	ORIGINE VÉGÉTALE	mg
fromage suisse (30 g)	262	lait de soya fortifié 125 mL	175
fromage cheddar (30 g)	204	mélasse noire 15 mL (20 g)	137
yogourt nature 125 mL (125 g)	203	chou frisé vert, cuit 50 mL (38 g)	72
lait de chèvre entier 125 mL	172	crème de blé cuisson rapide 85 mL (88 g)	63
lait entier, 2%, écrémé 125 mL	153 -159	pak choy 50 mL (34 g)	50
babeurre 125 mL	150	tofu (30 g)	38
lait écrémé en poudre 15 mL (6 g)	113	feuilles de moutarde 50 mL (28 g)	36
sardines en conserve 2 (26 g)	112	épinards cuits 50 mL (38 g)	34
saumon en conserve sockeye avec os (30 g)	78	pois chiches cuits 50 mL (48 g)	30
fromage cottage 50 mL (45 g)	22-31	brocoli cuit 50 mL (39 g)	29
		haricots de soya cuits 50 mL (32 g)	26
		graines de sésame 15 mL (7 g)	23
		10 amandes (10 g)	23
		navet cuit, en purée 50 mL (42 g)	16
		levure Torula 5 mL (3 g)	11

RISQUE DE DÉFICIENCE: L'enfant végétalien, végétarien strict ou macrobiotique peut manquer de calcium.
L'enfant allergique ou intolérant aux produits laitiers peut en manquer également (voir page 46).

DANGER DE SURPLUS: Des suppléments pris en trop grande quantité peuvent contribuer à des dépôts calcaires chez certains adultes.

VULNÉRABILITÉ: La cuisson n'affecte pas tellement le calcium tandis qu'une consommation trop importante de protéines et de fibres alimentaires limite son absorption.

COMPLÉMENTARITÉ: Le calcium travaille en équipe avec la vitamine D et le phosphore.

APPORT NUTRITIONNEL RECOMMANDÉ

	CANADA	FRANCE
1 à 3 ans	500 mg/jour	600 mg/jour
4 à 6 ans	600 mg/jour	700 mg/jour

SUPPLÉMENTS DISPONIBLES:
voir appendice B.

FER

RÔLE

— transporte l'oxygène dans le sang;
— fournit une réserve d'oxygène au système musculaire.

RISQUE DE DÉFICIENCE: Plusieurs jeunes enfants manquent de fer dans leur alimentation (voir page 72).

DANGER DE SURPLUS: Des suppléments de fer pris en trop grande quantité constituent la 2e cause d'empoisonnement chez l'enfant de moins de 5 ans. (Certains suppléments peuvent aussi provoquer des maux de ventre.)

VULNÉRABILITÉ: L'eau et la cuisson diminuent la teneur en fer des aliments; c'est pourquoi on recommande de conserver l'eau de cuisson. L'organisme absorbe mieux et en plus grande quantité le fer d'origine animale.

COMPLÉMENTARITÉ: Le fer est mieux absorbé lorsqu'en présence d'un aliment riche en vitamine C.

APPORT NUTRITIONNEL RECOMMANDÉ

	CANADA	FRANCE
1 à 3 ans	6 mg/jour	10 mg/jour
4 à 6 ans	6 mg/jour	10 mg/jour

SUPPLÉMENTS DISPONIBLES:

voir appendice B.

ORIGINE ANIMALE

	mg
foie de porc cuit (30 g)	8,70
foie d'agneau cuit (30 g)	5,40
foie de veau cuit (30 g)	4,30
foie de boeuf cuit (30 g)	2,70
foie de poulet cuit (30 g)	2,60
3 petites huîtres (30 g)	1,70
foie d'agneau (30 g)	1,60
truite d'eau douce cuite (30 g)	1,50
porc frais cuit (30 g)	1,10
1 oeuf (50 g)	1,10
boeuf cuit, maigre seulement (30 g)	1,10
veau cuit (30 g)	1,00
dinde cuite (30 g)	0,53
poulet cuit (30 g)	0,50

	mg
pois chiches cuits 50 mL (48 g)	1,38
fèves soya cuites 50 mL (36 g)	0,98
lait de soya 125 mL	0,90
haricots de Lima cuits 50 mL (38 g)	0,86
lentilles cuites 50 mL (40 g)	0,84
épinards cuits 50 mL (38 g)	0,84
pois cassés cuits 50 mL (40 g)	0,68
levure Torula (3 g)	0,60
pois frais 50 mL (34 g)	0,68
tofu (30 g)	0,58
10 amandes (10 g)	0,50
2 dattes	0,48
germe de blé 15 mL (5 g)	0,41
raisins secs 15 mL (8,4g)	0,31
fraises 50 mL (31 g)	0,31
gruau d'avoine cuit 85 mL (48 g)	0,29

ORIGINE VÉGÉTALE

	mg
jus de pruneaux 100 mL	4,10
mélasse noire 15 mL (20 g)	3,20
haricots noirs, cuits 50 mL (20 g)	1,58

MAGNÉSIUM

RÔLE

— intervient dans la transformation des aliments en énergie;
— participe au bon fonctionnement du système nerveux.

RISQUE DE DÉFICIENCE: Les enquêtes nutritionnelles ont rarement noté la consommation en magnésium des divers groupes de population; on n'a donc pas décelé de risques de déficience chez le jeune enfant.

DANGER DE SURPLUS: On connaît encore mal les dangers des surplus.

VULNÉRABILITÉ: Le raffinage des farines et des céréales cause les plus lourdes pertes de magnésium dans les aliments. Les produits de boulangerie et pâtisseries préparées à partir de farine blanche renferment moins de magnésium que ceux préparés avec une farine complète de blé entier, de seigle ou autre.

COMPLÉMENTARITÉ: Le magnésium travaille avec plusieurs autres minéraux.

APPORT NUTRITIONNEL RECOMMANDÉ

	CANADA	FRANCE
1 an	55 mg/jour	100 mg/jour
2 à 3 ans	65 mg/jour	100 mg/jour
4 à 6 ans	90 mg/jour	150-250 mg/jour

ORIGINE ANIMALE

	mg
lait écrémé, babeurre 125 mL	17
lait entier 125 mL	16
poudre de lait écrémé 15 mL (7,2 g)	14
fromage cheddar (30g) (67g)	14
crème glacée 125 mL (38 g)	9
1 gros oeuf (50 g)	5

ORIGINE VÉGÉTALE

	mg
fèves soya cuites 50 mL (36 g)	111
pois yeux noirs, cuits 50 mL (50 g)	78
haricots blancs cuits 50 mL (38 g)	69
tofu 1 1/4' x 1 1/4'x 1/2' (60 g)	67
haricots de Lima 50 mL (36 g)	65
noix d'acajou 10 (16 g)	50
épinards cuits 50 mL (38 g)	40
feuilles de betteraves 50 mL (31 g)	33
beurre d'arachide 15 mL (16 g)	28
amandes 10 (10 g)	28
germe de blé 15 mL (5 g)	21
cacao 15 mL (5g)	21
riz brun 85 mL (57 g)	19
gruau d'avoine cuit 85 mL (85 g)	17
levure Torula 5 mL (3 g)	4

VITAMINE E
(α — tocophérol)

RÔLE
— protège les globules rouges du sang;
— intervient dans les réactions musculaires;
— agit comme antioxydant biologique.

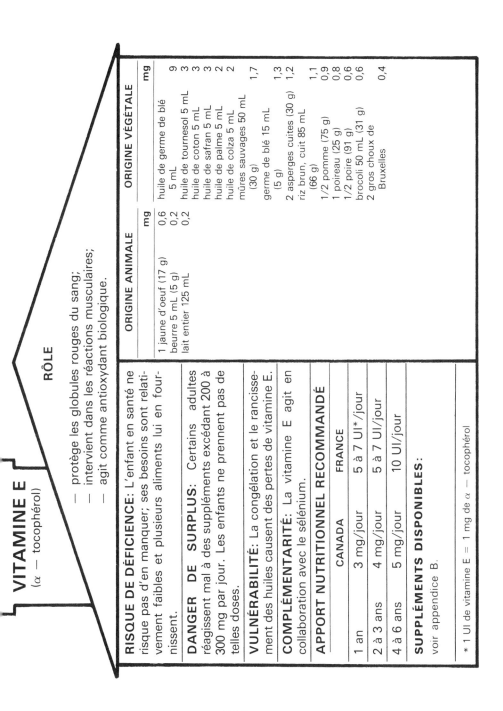

ORIGINE ANIMALE	mg	ORIGINE VÉGÉTALE	mg
1 jaune d'oeuf (17 g)	0,6	huile de germe de blé 5 mL	9
beurre 5 mL (5 g)	0,2	huile de tournesol 5 mL	3
lait entier 125 mL	0,2	huile de coton 5 mL	3
		huile de safran 5 mL	3
		huile de palme 5 mL	2
		huile de colza 5 mL	2
		mûres sauvages 50 mL (30 g)	1,7
		germe de blé 15 mL (5 g)	1,3
		2 asperges cuites (30 g)	1,2
		riz brun, cuit 85 mL (66 g)	1,1
		1/2 pomme (75 g)	0,9
		1 poireau (25 g)	0,8
		1/2 poire (91 g)	0,6
		brocoli 50 mL (31 g)	0,6
		2 gros choux de Bruxelles	0,4

RISQUE DE DÉFICIENCE: L'enfant en santé ne risque pas d'en manquer; ses besoins sont relativement faibles et plusieurs aliments lui en fournissent.

DANGER DE SURPLUS: Certains adultes réagissent mal à des suppléments excédant 200 à 300 mg par jour. Les enfants ne prennent pas de telles doses.

VULNÉRABILITÉ: La congélation et le rancissement des huiles causent des pertes de vitamine E.

COMPLÉMENTARITÉ: La vitamine E agit en collaboration avec le sélénium.

APPORT NUTRITIONNEL RECOMMANDÉ

	CANADA	FRANCE
1 an	3 mg/jour	5 à 7 UI*/jour
2 à 3 ans	4 mg/jour	5 à 7 UI/jour
4 à 6 ans	5 mg/jour	10 UI/jour

SUPPLÉMENTS DISPONIBLES:
voir appendice B.

* 1 UI de vitamine E = 1 mg de α — tocophérol

THIAMINE
(vitamine B₁)

RÔLE

— convertit les aliments en énergie et en graisses;
— permet d'utiliser rapidement l'énergie musculaire;
— participe au bon fonctionnement du système nerveux.

RISQUE DE DÉFICIENCE: On note rarement une déficience de thiamine chez le jeune enfant même si la consommation n'est pas tellement élevée. La déficience classique porte le nom de béribéri et survient dans les pays grands consommateurs de riz blanc, non enrichi.

DANGER DE SURPLUS: Des suppléments de thiamine pris en trop grande quantité peuvent nuire à l'absorption des autres vitamines du complexe B.

VULNÉRABILITÉ: La cuisson à l'eau, les hautes températures et les milieux alcalins causent des pertes de thiamine.

COMPLÉMENTARITÉ: La thiamine travaille en collaboration avec le magnésium dans la transformation d'énergie.

	CANADA	FRANCE
1 à 3 ans	0,4 mg/1000 cal	0,7 mg/jour
4 à 6 ans	0,4 mg/1000 cal	0,8 mg/jour

SUPPLÉMENTS DISPONIBLES:
voir appendice B.

ORIGINE ANIMALE

	mg
porc cuit (30 g)	0,32
jambon cuit (30 g)	0,14
foie de porc (30 g)	0,10
yogourt nature 125 mL	0,10
lait de chèvre 125 mL	0,06
hareng (30 g)	0,05
lait entier 2% écrémé 125 mL	0,05
1 oeuf (50 g)	0,04
agneau cuit (30 g)	0,04
goberge (30 g)	0,03
truite d'eau douce (30 g)	0,03
boeuf cuit (30 g)	0,02

germe de blé 15 mL (5 g)	0,10
1/2 orange (90 g)	0,09
fèves soya cuites 50 mL (32 g)	0,08
son 15 mL (4 g)	0,08
1 tranche pain blé entier	0,08
pois cassés, cuits 50 mL (40 g)	0,06
gruau cuit 85 mL (85 g)	0,06
riz brun cuit 85 mL (57 g)	0,06
2 asperges fraîches cuites (30 g)	0,05
lentilles cuites 50 mL (31 g)	0,04
épinards cuits 50 mL (36 g)	0,03
brocoli cuit 50 mL (31 g)	0,03
graines de sésame 15 mL (7 g)	0,01

ORIGINE VÉGÉTALE

	mg
levure Torula 5 mL (3 g)	0,42
graines de tournesol 15 mL (7 g)	0,14

FOLATE
(acide folique)

RÔLE

- participe à la formation des globules rouges;
- intervient activement dans de nombreuses réactions de l'organisme.

RISQUE DE DÉFICIENCE: On rapporte rarement un manque d'acide folique ou folate dans l'alimentation du jeune enfant.

DANGER DE SURPLUS: Le ministère de la Santé et du Bien-être social (1984) a émis une mise en garde contre l'abus d'acide folique et suggère de ne pas dépasser 1 mg par jour comme dose maximale pour un adulte.

VULNÉRABILITÉ: La cuisson à l'eau et les hautes températures diminuent la teneur en folate des aliments ainsi que l'entreposage à la température de la pièce.

COMPLÉMENTARITÉ: Le folate travaille avec le fer et la vitamine B 12 pour maintenir la qualité du sang.

APPORT NUTRITIONNEL RECOMMANDÉ

	CANADA	FRANCE
1 an	65 µg/jour	100 µg/jour
2 à 3 ans	80 µg/jour	100 µg/jour
4 à 6 ans	90 µg/jour	300 µg/jour

SUPPLÉMENTS DISPONIBLES:

voir appendice B.

ORIGINE ANIMALE

	µg
foie de boeuf (30 g)	90
huîtres fraîches (30 g)	75
1 gros jaune d'oeuf (17 g)	50
yogourt nature, 125 mL (125 g)	14
lait entier, 2%, 125 mL	6,5
lait écrémé 125 mL	6,5
lait de chèvre 125 mL	2

ORIGINE VÉGÉTALE

	µg
fèves soya cuites 50 mL (32 g)	94
jus d'orange frais 125 mL	82
levure Torula 5 mL (3 g)	80
2 choux de Bruxelles (41 g)	65
pois chiches, cuits 50 mL (48 g)	50
haricots rouges, cuits 50 mL (54 g)	49
1/2 orange (90 g)	41,5
épinards cuits 50 mL (38 g)	39
laitue romaine 125 mL (28 g)	39
betteraves cuites 50 mL (36 g)	33
1/3 patate douce (37 g)	28
2 tiges d'asperges (30 g)	21
brocoli cuit 50 mL (33 g)	18
germe de blé 15 mL (5 g)	16
1 tranche pain blé entier (28 g)	15
beurre d'arachide 15 mL (16 g)	13
cantaloup 50 mL (32 g)	10

RIBO-FLAVINE
(vitamine B$_2$)

RÔLE

— travaille activement à la transformation en énergie des protéines, des graisses et des sucres;
— maintient la santé de la peau, des muqueuses et de la cornée de l'oeil.

RISQUE DE DÉFICIENCE: Les enfants végétaliens, végétariens stricts ou macrobiotiques qui ne consomment jamais ou que peu de lait et de produits laitiers risquent de souffrir d'une déficience.

DANGER DE SURPLUS: On ne note aucun danger de surplus.

VULNÉRABILITÉ: La cuisson à l'eau et la lumière diminuent la teneur en riboflavine des aliments.

APPORT NUTRITIONNEL RECOMMANDÉ

	CANADA	FRANCE
1 à 3 ans	0,5 mg/1000 cal	0,8 mg/jour
4 à 6 ans	0,5 mg/1000 cal	1 mg/jour

SUPPLÉMENTS DISPONIBLES:
voir appendice B.

ORIGINE ANIMALE

	mg
rognons de boeuf (30 g)	1,37
foie de porc (30 g)	1,31
foie de boeuf (30 g)	1,26
foie de veau (30 g)	1,25
coeur de boeuf (30 g)	0,36
yogourt M.G. 2% 125 mL (125 g)	0,30
lait entier 2% 125 mL	0,22
lait glacé 125 mL (95 g)	0,21
lait écrémé 125 mL	0,18
crème glacée 125 mL (70 g)	0,17
fromage camembert (28 g)	0,14
fromage cottage 50 mL (47 g)	0,12
champignons crus tranchés 50 mL (20 g)	0,09
brocoli cuit 50 mL (33 g)	0,07
céréales de riz pour bébé 15 mL (2,3 g)	0,06
germe de blé 15 mL (5 g)	0,06
2 asperges, cuites (31 g)	0,05
épinards cuits 50 mL (38 g)	0,05
1 tranche pain blanc enrichi	0,05
pois cassés secs, cuits 50 mL (53 g)	0,05
2 choux de Bruxelles (33 g)	0,04
fèves pinto cuites 50 mL (19 g)	0,04
1 tranche pain blé entier	0,04
fèves soya cuites 50 mL (32 g)	0,03
lentilles cuites 50 mL (31 g)	0,02

ORIGINE VÉGÉTALE

	mg
levure Torula 5 mL (13 g)	0,07
céréales enrichies 125 mL	0,18 -0,39
macaroni enrichi, cuit 85 mL (50 g)	0,20

PROTÉINES

RÔLE

— participent activement à la formation et à la réparation de tous les tissus;

— interviennent dans la formation des anticorps et dans la lutte contre les infections.

RISQUE DE DÉFICIENCE: Le jeune enfant consomme habituellement 2 à 3 fois plus de protéines que l'apport recommandé.

DANGER DE SURPLUS: Le corps convertit les surplus de protéines en réserves de graisses.

VULNÉRABILITÉ: La chaleur et la cuisson ont peu d'effets sur la teneur en protéines.

COMPLÉMENTARITÉ: Les protéines d'origine animale agissent efficacement sans aide. L'efficacité des protéines d'origine végétale est accrue lorsqu'elles sont consommées avec un autre aliment au même repas. Par exemple: les céréales avec un produit laitier, les légumineuses avec un produit céréalier, les légumineuses avec des noix ou des graines. Il est très important de respecter ce travail de complémentarité dans le cas d'un enfant végétalien, végétarien strict ou macrobiotique.

APPORT NUTRITIONNEL RECOMMANDÉ

	CANADA	FRANCE
1 an	18 g/jour	20-22 g/jour
2 ans	20 g/jour	24-27 g/jour
3 ans	20 g/jour	40 g/jour
4 à 6 ans	25 g/jour	55 g/jour

ORIGINE ANIMALE	g	ORIGINE VÉGÉTALE	g
rognons de boeuf (30 g)	10,0	beurre d'arachide 15 mL (16 g)	4,40
dinde cuite (30 g)	9,3	fèves soya cuites 50 mL (36 g)	4,00
foie de veau (30 g)	9,0	pois chiches cuits 50 mL (48 g)	4,00
foie de porc (30 g)	9,0	lentilles cuites 50 mL (40 g)	3,20
thon en conserve (30 g)	8,7	fèves de Lima 50 mL (38 g)	3,20
porc frais cuit maigre seulement (30 g)	8,3	1 tranche pain de blé entier (28 g)	3,00
foie de poulet (30 g)	8,0	tofu (30 g)	2,50
boeuf cuit (30 g)	8,0	10 arachides (9 g)	2,40
foie de boeuf (30 g)	8,0	graines de tournesol 15 mL (9 g)	2,20
veau cuit (30 g)	8,0	gruau d'avoine 85 mL (48 g)	1,70
saumon cuit (30 g)	8,0	germe de blé 15 mL (5 g)	1,50
agneau cuit (30 g)	7,8	noix de Grenoble hachées 15 mL (8 g)	1,50
poulet cuit (30 g)	7,0	graines de sésame 15 mL (8 g)	1,50
10 crevettes moyennes en conserve (30 g)	7,0	crème de blé 85 mL (84 g)	1,40
fromage cheddar (30 g)	7,0	céréales de bébé «high pro» 15 mL (2,3 g)	0,83
1 gros oeuf (50 g)	6,0		
yogourt nature 125 mL (125 g)	6,0		
fromage cottage 50 mL (47 g)	6,0		
lait 2%, écrémé 125 mL	4,5		
babeurre 125 mL	4,5		
lait de chèvre 125 mL	4,5		
lait entier 125 mL	4,0		

VITAMINE B$_{12}$
(cobalamine)

RÔLE

— participe à la formation des globules rouges;
— intervient dans la formation des fibres nerveuses et dans la transformation des graisses et des sucres.

RISQUE DE DÉFICIENCE: On rapporte quelques graves cas de déficience chez des jeunes enfants végétaliens ou végétariens stricts. Pour combler cette lacune, les végétaliens doivent avoir recours à des produits spéciaux ou à des suppléments.

DANGER DE SURPLUS: On ne note aucun danger de surplus.

VULNÉRABILITÉ: La chaleur et la lumière causent des pertes de vitamine B$_{12}$ dans les aliments.

COMPLÉMENTARITÉ: La vitamine B$_{12}$ travaille en collaboration avec l'acide folique pour maintenir la qualité du sang.

ORIGINE ANIMALE		ORIGINE VÉGÉTALE	
	µg		µg/100 g
foie de boeuf (30 g)	24,00	*protéines unicellulaires*	
1 oeuf (50 g)	1,00	spiruline	160,0
thon en conserve (30 g)	0,60	chlorella	40,0
lait entier ou écrémé		levure non fortifiée	2,0
125 mL	0,50	*légumes marins (Algues)*	
fromage suisse (30 g)	0,50	koabu	27,0
fromage cottage 50 mL		yokano	15,0
(47 g)	0,48	*cultures de soya*	
fromage camembert (30 g)	0,39	*fermenté*	
babeurre 125 mL	0,27	tempeh avec klebsiella	14,8
yogourt 125 mL (125 g)	0,14	natto	0,3
		miso	0,2

APPORT NUTRITIONNEL RECOMMANDÉ

	CANADA	FRANCE
1 an	0,3 µg/jour	1 µg/jour
1 à 2 ans	0,4 µg/jour	1 µg/jour
4 à 6 ans	0,5 µg/jour	2 µg/jour

SUPPLÉMENTS DISPONIBLES:
voir appendice B.

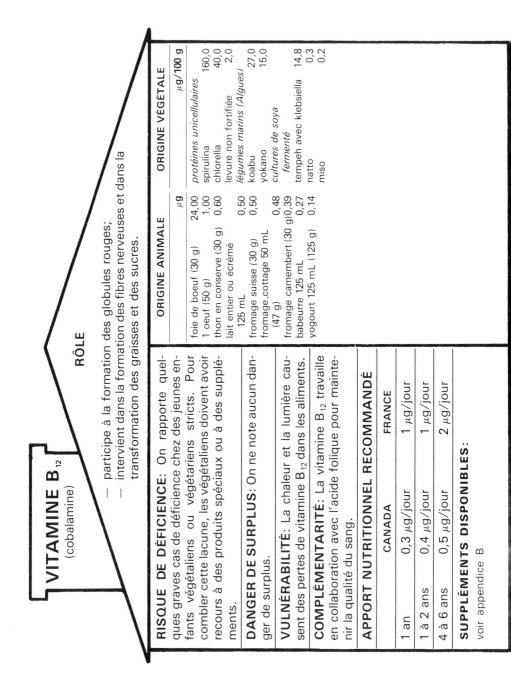

ALIMEN-TAIRES

RÔLE

— augmente le volume des aliments dans le tube digestif, accélère le travail intestinal et réduit les problèmes de constipation;
— joue un rôle de satiété.

EFFETS D'UNE ALIMENTATION PAUVRE EN FIBRES: Plusieurs jeunes enfants souffrent de constipation chronique parce qu'ils ne mangent pas ou ne mangent que peu de fruits, de légumes et de grains entiers.

DANGER DE SURPLUS: Les jeunes enfants végétaliens, végétariens stricts ou macrobiotiques qui mangent *trop* d'aliments riches en fibres ne réussissent pas à manger suffisamment de calories pour maintenir une croissance normale. D'autres enfants peuvent réagir à un surplus de fibres par une diarrhée chronique.

VULNÉRABILITÉ: On connaît mal les effets de la cuisson sur la teneur en fibres alimentaires des aliments.

APPORT NUTRITIONNEL RECOMMANDÉ: Il n'existe aucune recommandation officielle; certains chercheurs parlent de 25 à 45 grammes par jour comme consommation adéquate de fibres alimentaires pour un adulte. À partir de ces chiffres, 15 à 20 grammes par jour semblent suffisants pour un enfant.

ORIGINE VÉGÉTALE	g		g
produits céréaliers		beurre d'arachide 15 mL (16 g)	1,1
«All Bran» 50 mL (7,8 g)	5,0	amandes coupées 15 mL (9 g)	0,6
gruau d'avoine cuit 85 mL (85 g)	3,5		
1 tranche pain blé entier (30 g)	3,0	*fruits*	
son naturel 5 mL (5 g)	2,2	1/2 pomme moyenne avec pelure	2,0
pâte alimentaire de blé entier (macaroni, spaghetti, lasagne) 85 mL (50 g)	1,9	1/2 poire, avec pelure	2,0
		framboises 50 mL (26 g)	1,8
		1/2 banane	1,5
riz brun, cuit 85 mL (57 g)	1,3	1/2 orange	1,2
1/2 biscuit de blé filamenté (13 g)	1,1	sauce aux pommes 50 mL (51 g)	1,0
1 tranche pain blanc, enrichi (30 g)	0,8	fraises 50 mL (31 g)	0,6
		ananas 50 mL (52 g)	0,3
légumineuses et noix		*légumes*	
haricots rouges, cuits 50 mL (54 g)	3,9	pois verts, cuits 50 mL (34 g)	3,6
haricots pinto, cuits 50 mL	3,8	brocoli cuit 50 mL (33 g)	1,9
		carottes cuites 50 mL (31 g)	1,4
pois cassés, cuits 50 mL (53 g)	2,7	champignons crus 5 petits (70 g)	1,4
pois chiches, cuits 50 mL (48 g)	2,4	zucchini cuit ou cru 50 mL (44 g)	1,2
haricots de Lima secs, cuits 50 mL (34 g)	2,3	navet cuit 50 mL (42 g)	0,9
		1/2 petite tomate	0,7
lentilles rouges, cuites 50 mL (31 g)	1,3	laitue (Boston, Iceberg) 125 mL (39 g)	0,4

VITAMINE D
(cholécalciférol D$_3$ et ergocalciférol D$_2$)

RÔLE
— travaille avec le calcium à la formation et à l'entretien des os;
— prévient du même coup la déformation des os que l'on appelle rachitisme.

RISQUE DE DÉFICIENCE: Des bébés allaités, non exposés aux rayons du soleil et qui ne reçoivent pas de suppléments peuvent souffrir de rachitisme. On note la même vulnérabilité chez des jeunes enfants végétaliens, végétariens stricts ou macrobiotiques.

DANGER DE SURPLUS: Des doses de 75 à 100 µg par jour peuvent retarder la croissance de l'enfant. Toute dose excessive s'accumule dans l'organisme et n'est pas recommandée.

VULNÉRABILITÉ: La cuisson et l'entreposage n'affectent pas la vitamine D.

APPORT NUTRITIONNEL RECOMMANDÉ

	CANADA	FRANCE
1 an	10 µg*/jour	10-15 µg/jour
2 à 3 ans	5 µg/jour	10-15 µg/jour
4 à 6 ans	5 µg/jour	10 µg/jour

* µg de cholécalciférol correspond à 40 UI de vitamine D

SUPPLÉMENTS DISPONIBLES:
voir appendice B.

ORIGINE ANIMALE

	µg
huile de foie de morue (5 mL)	6,00
lait entier, 2%, écrémé 125 mL	1,25
1 gros jaune d'oeuf (17 g)	0,70
poudre de lait écrémé 15 mL (7,2 g)	0,61
foie de poulet (30 g)	0,39
foie de boeuf (30 g)	0,33
foie de porc (30 g)	0,33
beurre 5 mL (5 g)	0,12

ORIGINE VÉGÉTALE

	µg
* margarine 5 mL (5 g)	0,14

AUTRE ORIGINE

les rayons du soleil: 20 centimètres carrés (3 pouces carrés) de peau exposés 3 heures au soleil absorbent 10 µg de vitamine D.

* vitamine D ajoutée par le fabricant conformément aux règlements sur les aliments et drogues.

bêta-carotène

RÔLE

— permet à l'oeil de s'adapter à l'obscurité;
— maintient l'intégrité des tissus qui tapissent l'intérieur et l'extérieur du corps;
— participe à la croissance des os et à la lutte contre l'infection.

RISQUE DE DÉFICIENCE: Le jeune enfant consomme habituellement une quantité adéquate d'aliments riches en vitamine A.

DANGER DE SURPLUS: On rapporte de graves cas d'intoxication chez des enfants qui ont avalé régulièrement plus de 4 000 ER par jour sous forme de «rétinol». On rapporte aussi un problème bénin de coloration orangée de la peau chez des enfants qui ont mangé trop d'aliments riches en «bêta-carotène»; la coloration disparaît rapidement, une fois la consommation normalisée.

VULNÉRABILITÉ: La cuisson à l'eau ne détruit pas la vitamine A mais le séchage à l'air des fruits et des légumes cause des pertes de cette vitamine.

ATTENTION: L'utilisation fréquente d'huile minérale comme laxatif nuit à l'absorption de la vitamine A.

APPORT NUTRITIONNEL RECOMMANDÉ

	CANADA	FRANCE
1 à 3 ans	400 ER*/jour	400 ER/jour
4 à 6 ans	500 ER/jour	600 ER/jour

* ER (équivalent rétinol) = 3,33 UI (unités internationales) rétinol ou = 10 UI bêta-carotène

ORIGINE ANIMALE sous forme de rétinol

	ER
foie de boeuf (30 g)	4811
foie d'agneau (30 g)	3554
foie de veau (30 g)	2943
foie de dinde (30 g)	1577
foie de porc (30 g)	1343
foie de poulet (30 g)	1108
1 gros jaune d'oeuf (17 g)	94
fromage cheddar (28 g)	90
lait de chèvre 125 mL	72
lait* 2% 125 mL	56
lait entier 125 mL	53
beurre 5 mL (5 g)	38
sauce blanche 15 mL (15 g)	21

ORIGINE VÉGÉTALE sous forme de «bêta-carotène»

	ER
1/2 carotte crue (40 g)	440
patate douce, cuite en purée 50 mL (51 g)	403
carottes cuites 50 mL (29 g)	305
épinards cuits 50 mL (36 g)	291
feuilles de navets cuites 50 mL (29 g)	183
courge cuite en purée 50 mL (41 g)	172
mangue 50 mL (33 g)	158
feuilles de betteraves cuites 50 mL (29 g)	148
cantaloup 50 mL (32 g)	109
papaye 50 mL (28 g)	102
1 abricot frais (38 g)	96
brocoli cuit 50 mL (33 g)	83
jus de tomate 100 mL (98 g)	78
laitue romaine 125 mL (28 g)	53
* margarine 5 mL (5 g)	47
2 abricots cuits séchés (14 g)	42
1/2 tomate (50 g)	41
2 asperges cuites (30 g)	27
pastèque 50 mL (19 g)	19

* vitamine A ajoutée par le fabricant conformément aux règlements sur les aliments et drogues.

SUPPLÉMENTS DISPONIBLES:
voir appendice B.

VITAMINE C
(acide ascorbique)

RÔLE

— maintient la structure des cellules en place;
— participe à de nombreuses réactions dans l'organisme.

RISQUE DE DÉFICIENCE: Le jeune enfant consomme en moyenne 4 fois la quantité de vitamine C recommandée. Il peut quand même montrer des signes de déficience s'il prend régulièrement une mégadose et qu'il cesse brusquement d'en prendre.

DANGER DE SURPLUS: Les doses excessives sont extrêmement rares puisque les reins éliminent les surplus.

VULNÉRABILITÉ: La chaleur, la cuisson à l'eau et l'exposition à l'air causent des pertes de vitamine C. Par contre, la vitamine C est particulièrement stable dans les fruits et jus d'agrumes.

COMPLÉMENTARITÉ: La vitamine C travaille avec le fer et augmente sensiblement son absorption.

APPORT NUTRITIONNEL RECOMMANDÉ

	CANADA	FRANCE
1 à 3 ans	20 mg/jour	35 mg/jour
4 à 6 ans	25 mg/jour	50 mg/jour

SUPPLÉMENTS DISPONIBLES:
voir appendice B.

ORIGINE ANIMALE	mg	ORIGINE VÉGÉTALE	mg
foie de veau cuit (30 g)	11	jus d'orange 125 mL	60
foie de poulet cuit (30 g)	5	1/4 piment rouge cru (19 g)	38
		2 choux de Bruxelles (41 g)	35
		papayes 50 mL (28 g)	34
		1/2 orange (90 g)	33
		brocoli cuit 50 mL (31 g)	30
		chou frisé cuit 50 mL (38 g)	28
		1/4 pamplemousse (121 g)	27
		1/4 piment vert cru (19 g)	24
		fraises 50 mL (31 g)	18
		1/2 tomate crue (75 g)	17
		jus de tomates 100 mL (98 g)	16
		chou-fleur cuit 50 mL (25 g)	14
		cantaloup 50 mL (32 g)	11
		chou cru râpé 50 mL (19 g)	9
		2 asperges cuites (30 g)	8
		framboises 50 mL (26 g)	6

ZINC

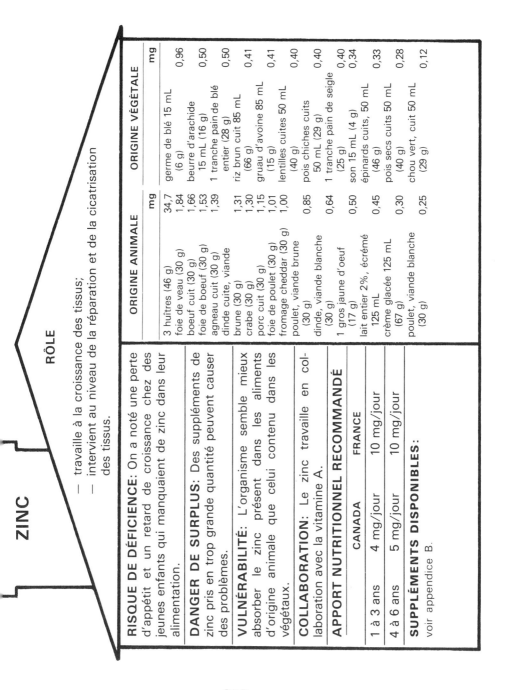

RÔLE

— travaille à la croissance des tissus;
— intervient au niveau de la réparation et de la cicatrisation des tissus.

RISQUE DE DÉFICIENCE: On a noté une perte d'appétit et un retard de croissance chez des jeunes enfants qui manquaient de zinc dans leur alimentation.

DANGER DE SURPLUS: Des suppléments de zinc pris en trop grande quantité peuvent causer des problèmes.

VULNÉRABILITÉ: L'organisme semble mieux absorber le zinc présent dans les aliments d'origine animale que celui contenu dans les végétaux.

COLLABORATION: Le zinc travaille en collaboration avec la vitamine A.

APPORT NUTRITIONNEL RECOMMANDÉ

	CANADA	FRANCE
1 à 3 ans	4 mg/jour	10 mg/jour
4 à 6 ans	5 mg/jour	10 mg/jour

SUPPLÉMENTS DISPONIBLES: voir appendice B.

ORIGINE ANIMALE	mg	ORIGINE VÉGÉTALE	mg
3 huîtres (46 g)	34,7	germe de blé 15 mL (6 g)	0,96
foie de veau (30 g)	1,84	beurre d'arachide 15 mL (16 g)	0,50
boeuf cuit (30 g)	1,66	1 tranche pain de blé entier (28 g)	0,50
foie de boeuf (30 g)	1,53	riz brun cuit 85 mL (66 g)	0,41
agneau cuit (30 g)	1,39	gruau d'avoine 85 mL (15 g)	0,41
dinde cuite, viande brune (30 g)	1,31	lentilles cuites 50 mL (40 g)	0,40
crabe (30 g)	1,30	pois chiches cuits 50 mL (29 g)	0,40
porc cuit (30 g)	1,15	1 tranche pain de seigle (25 g)	0,40
foie de poulet (30 g)	1,01	son 15 mL (4 g)	0,34
fromage cheddar (30 g)	1,00	épinards cuits, 50 mL (46 g)	0,33
poulet, viande brune (30 g)	0,85	pois secs cuits 50 mL (40 g)	0,28
dinde, viande blanche (30 g)	0,64	chou vert, cuit 50 mL (29 g)	0,12
1 gros jaune d'oeuf (17 g)	0,50		
lait entier 2%, écrémé 125 mL	0,45		
crème glacée 125 mL (67 g)	0,30		
poulet, viande blanche (30 g)	0,25		

FLUOR

RÔLE

— le fluor pris dans l'eau naturellement riche ou enrichie de fluor, ou sous forme de suppléments, contribue à former un émail dentaire plus résistant à la carie;

— le fluor appliqué sur la dent, par l'intermédiaire d'une pâte dentifrice, neutralise le milieu acide de la bouche et prévient la formation de caries.

ORIGINE ANIMALE	ORIGINE VÉGÉTALE
	mg
	8 oz (250 mL) thé 0,1-0,2

AUTRES SOURCES
125 mL (4 oz) eau fluorée 0,09-0,15 mg
0,5 g pâte dentifrice 0,5-0,73 mg
(0,5 g = 1,5 cm ou 1/2 po de pâte dentifrice)

RISQUE DE DÉFICIENCE: Les enfants qui habitent des régions où l'eau n'est pas naturellement riche ou enrichie de fluor ont un taux plus élevé de caries dentaires.

DANGER DE SURPLUS: On note des taches blanches sur l'émail des dents d'enfants qui ont reçu régulièrement des doses de fluor excédant 3 à 4 mg (ppm) par jour.

APPORT NUTRITIONNEL RECOMMANDÉ

Taux ajusté,
en milligrammes de fluor par jour*

Âge	Concentration du fluor dans l'eau potable (ppm)		
	0,0 à 0,3	0,3 à 0,7	0,7 (1)
6 mois à 2 ans	0,25 mg	0,00	0,00
2 à 3 ans	0,50 mg	0,25	0,00
3 à 14 ans	1,00 mg	0,50	0,00

* 2,2 mg de fluorure de sodium contiennent 1 mg de fluor.

(1) lorsque l'eau de la municipalité est additionnée de fluor.

SUPPLÉMENTS DISPONIBLES:
voir appendice B.

SODIUM
(un des deux ingrédients du sel)

RÔLE

— maintient l'équilibre des liquides à l'extérieur des cellules;
— intervient dans la transmission de l'impulsion nerveuse et dans la contraction musculaire.

RISQUE DE DÉFICIENCE: Peu probable dans notre population.

DANGER DE SURPLUS: Une alimentation très salée peut nuire au traitement de l'hypertension.

APPORT RECOMMANDÉ: Au Canada comme en France, la modération est souhaitée mais non chiffrée. Aux États-Unis, certains organismes parlent de 3 à 8 grammes de sel par jour, soit 3 à 8 mL par jour.

ALIMENTS FRAIS

	mg
fromage cottage 50 mL (47 g)	192
30 g fromage cheddar	186
babeurre 125 mL	136
yogourt 125 mL (125 g)	73
lait, entier, 2%, écrémé 125 mL	63-67
30 g filet de morue grillée	35
30 g de porc frais	18
carottes cuites (31 g)	10
1/4 concombre frais (25 g)	3,0
1/2 tomate moyenne (75 g)	2,5
1/2 petite pomme de terre cuite au four (50 g)	1,5
haricots jaunes cuits 50 mL (27 g)	0,8
pois frais cuits 50 mL (34 g)	0,6
1/3 épi de maïs cuit	0,0

	mg
1 saucisse fumée (50 g)	542
1 hamburger McDonald	530
1/4 gros concombre à l'aneth (34 g)	482
1 chausson aux pommes McDonald	415
jus de tomate en conserve 125 mL	256
30 g de jambon fumé	227
10 croustilles («chips»)	200
«milkshake chocolat McDonald» 200 mL	165
1 bâtonnet de poisson surgelé	158
ketchup 15 mL	156
sauce à salade commerciale (moyenne de 3)	152
maïs en conserve 50 mL (35 g)	100
haricots jaunes en conserve sans liquide 50 mL (27 g)	94
carottes en conserve sans liquide 50 mL (31 g)	71
pois verts en conserve sans liquide 50 mL (30 g)	63

ALIMENTS TRANSFORMÉS

	mg
2 tranches de bacon grillé	884

POTASSIUM

RÔLE

— maintient l'équilibre des liquides à *l'intérieur* des cellules;
— intervient dans plusieurs réactions de l'organisme.

RISQUE DE DÉFICIENCE: Le jeûne, les brûlures graves, une fièvre prolongée, l'utilisation régulière de certains diurétiques et la diarrhée chronique peuvent provoquer des pertes importantes de potassium.

DANGER DE SURPLUS: Les suppléments de potassium pris en grande quantité peuvent être très nocifs.

APPORT RECOMMANDÉ: À part une quantité minimale de 70 mg par jour, aucune recommandation n'est proposée.

ORIGINE ANIMALE	mg	ORIGINE VÉGÉTALE	mg
lait en poudre 60 mL (24 g)	320	mélasse noire 15 mL	585
yogourt nature 125 mL (125 g)	218	1/4 de cantaloup (96 g)	483
lait entier, 2% écrémé, babeurre 125 mL	196-214	1/2 banane	324
crème glacée 125 mL (70 g)	135	jus de pruneaux 125 mL	318
30 g de boeuf cuit	105	raisins secs 60 mL (42 g)	266
30 g de poulet cuit	82	jus d'orange 125 mL	262
1 oeuf (50 g)	65	1/2 petite pomme de terre cuite (50 g)	252
		courge musquée 50 mL (44 g)	240
		haricots pinto 50 mL	226
		1/2 nectarine	203
		haricots rouges 50 mL (54 g)	183
		1/4 papaye moyenne (76 g)	178
		fèves soya 50 mL (32 g)	171
		fèves de Lima 50 mL (36 g)	151
		panais cuits 50 mL (33 g)	118
		pois frais 50 mL (34 g)	46

SUPPLÉMENTS DISPONIBLES:
voir appendice B.

Appendice B
Charte des suppléments
pour enfants

	VITAMINE A	VITAMINE D	VITAMINE C	FLUOR	VITAMINE B1 (thiamine)	VITAMINE B2 (riboflavine)	NIACINA-MIDE	FER	VITAMINE B6 (pyridoxine)	VITAMINE B12	ACIDE FOLIQUE	AUTRES
Tri-vi-flor (Mead Johnson) Posologie: 0,6 mL	1500 UI sous forme de palmitate	400 UI sous forme de vitamine D2	30 mg sous forme d'acide ascorbique	0,5 mg sous forme de fluorure de potassium (KF)								
Tri-vi-flor (Mead Johnson) Posologie: 1 comprimé	4000 UI sous forme d'acétate	400 UI sous forme de vitamine D2	75 mg sous forme d'acide ascorbique	1 mg sous forme de fluorure de potassium (KF)								
Poly-vi-flor (Mead Johnson) Posologie: 0,6 mL	1500 UI sous forme de palmitate	400 UI sous forme de vitamine D2	30 mg sous forme d'acide ascorbique	0,5 mg sous forme de fluorure de potassium (KF)		0,6 mg de phosphate-sodique de riboflavine-5	4 mg					
Poly-vi-flor (Mead Johnson) Posologie: 1 comprimé	4000 UI sous forme d'acétate	400 UI sous forme de vitamine D2	75 mg sous forme d'acide ascorbique	1 mg sous forme de fluorure de potassium (KF)	1,2 mg sous forme de mononitrate de thiamine	1,5 mg	15 mg					
Tri-vi-sol (Mead Johnson) Posologie: 0,6 mL	1500 UI sous forme de palmitate	400 UI sous forme de vitamine D2	30 mg sous forme d'acide ascorbique									
Tri-vi-sol (Mead Johnson) Posologie: 1 comprimé	4000 UI sous forme d'acétate	400 UI sous forme de vitamine D2	75 mg sous forme d'acide ascorbique									
Poly-vi-sol (Mead Johnson) Posologie: 0,6 mL	1500 UI sous forme de palmitate	400 UI sous forme de vitamine D2	30 mg sous forme d'acide ascorbique		0,5 mg sous forme de chlorhydrate de thiamine	0,6 mg sous forme de phosphate sodique de riboflavine-5	4 mg					
Poly-vi-sol (Mead Johnson) Posologie: 1 comprimé/jour	4000 UI sous forme d'acétate	400 UI sous forme de vitamine D2	75 mg sous forme d'acide ascorbique et ascorbate de sodium		1,2 sous forme de mononitrate de thiamine	1,5 mg	1,5 mg					

	VITAMINE A	VITAMINE D	VITAMINE C	FLUOR	VITAMINE B1 (thiamine)	VITAMINE B2 (riboflavine)	NIACINAMIDE	FER	VITAMINE B6 (pyridoxine)	VITAMINE B12	ACIDE FOLIQUE	AUTRES
Poly-vi-sol + fer (Mead Johnson) Posologie: 1 comprimé/jour	4000 UI sous forme d'acétate	400 UI sous forme de vitamine D2	75 mg sous forme d'acide ascorbique et ascorbate de sodium		1,2 mg sous forme de mononitrate de thiamine	1,5 mg	15 mg	12 mg sous forme de fumarate ferreux				
Fer-In-Sol gouttes (Mead Johnson) Posologie:												
a) prophylactique 0,3-0,6 mL/jour								0,6 mL=15 mg sous forme de sulfate ferreux (75 mg)				
b) thérapeutique 3 mL/jour								3 mL=75 mg sous forme de sulfate ferreux (375 mg)				
Fer-In-Sol sirop (Mead Johnson) Posologie: 0-2 ans/ 2,5 mL-5 mL 2-6 ans/5 mL								5 mL=30 mg sous forme de sulfate ferreux (150 mg)				
huile de foie de morue (Lalco) Posologie: 5 mL/jour	3500 UI	350 UI										
Bugs Bunny multivitamines (Laboratoires Miles Ltd) Posologie: 1 comprimé/jour	5000 UI sous forme d'acétate	400 UI	50 mg sous forme d'ascorbate de sodium		1,5 mg sous forme de mononitrate de thiamine	1,5 mg	15 mg		1,0 mg sous forme de chlorhydrate	3 µg	0,1 mg	
Parammettes à mâcher (Ayerst) Posologie: 1 comprimé/jour	5000 UI sous forme de palmitate	400 UI	75 mg 50% sous forme de sel sodique		1,5 mg sous forme de mononitrate	1,5 mg	15 mg	4 mg sous forme de fumarate ferreux	1,0 mg			

	VITAMINE A	VITAMINE D	VITAMINE C	FLUOR	VITAMINE B₁ (thiamine)	VITAMINE B₂ (riboflavine)	NIACINA-MIDE	FER	VITAMINE B₆ (pyridoxine)	VITAMINE B₁₂	ACIDE FOLIQUE	AUTRES
UTOUC (PJC) 1 comprimé/ jour	5000 UI	400 UI	75 mg		2 mg	3 mg	20 mg	4 mg sous forme de sulfate	1,0 mg			
Pierrafeu-vitamines multiples (Laboratoires Miles Ltée) Posologie: 1 comprimé/ jour	5000 UI sous forme d'acétate	400 UI	50 mg sous forme d'ascorbate de sodium		1,5 mg sous forme de mononitrate de thiamine	1,5 mg	15 mg		1,0 mg sous forme de chlorhydrate	3 µg	0,1 mg	
Pierrafeu-vitamines multiples + fer (Laboratoires Miles Ltée) Posologie: 1 comprimé/ jour	5000 UI sous forme d'acétate	400 UI	50 mg sous forme d'ascorbate de sodium		1,5 mg sous forme de mononitrate de thiamine	1,5 mg	15 mg	4 mg sous forme de fumarate ferreux (12 mg)	1,0 mg sous forme de chlorhydrate	3 µg	0,1 mg	
Pierrafeu-vitamines multiples + extra C (Laboratoires Miles Ltée) Posologie: 1 comprimé/ jour	5000 UI sous forme d'acétate	400 UI	250 mg sous forme d'acide ascorbique et d'ascorbate de sodium		1,5 mg sous forme de mononitrate de thiamine	1,5 mg	15 mg		1,0 mg sous forme de chlorhydrate	3 µg	0,1 mg	
Pierrafeu-vitamines multiples-formule intégrale avec Ca, fer et autres minéraux (Laboratoires Miles Ltée) Posologie: 1 comprimé/ jour	5000 UI sous forme d'acétate	400 UI	50 mg sous forme d'ascorbate de sodium		1,5 mg sous forme de mononitrate de thiamine	1,5 mg	15 mg	4 mg sous forme de fumarate ferreux (12 mg)	1,0 mg sous forme de chlorhydrate	3 µg	0,1 mg	acide pantothénique: 10 mg vitamine E (acétate): 10 UI biotine: 30 µg calcium (phosphate bicalcique): 160 mg phosphore (phosphate bicalcique): 125 mg cuivre (oxyde de cuivre): 1 mg

	VITAMINE A	VITAMINE D	VITAMINE C	FLUOR	VITAMINE B$_1$ (thiamine)	VITAMINE B$_2$ (riboflavine)	NIACINA-MIDE	FER	VITAMINE B$_6$ (pyridoxine)	VITAMINE B$_{12}$	ACIDE FOLIQUE	AUTRES
Smiles (Wampole) multivitamines 1 comprimé/jour	5000 UI	400 UI	50 mg		2 mg sous forme de mononitrate				1 mg	3 μg		
Smiles (Wampole) multivitamines + fer 1 comprimé/jour	5000 UI	400 UI	50 mg		2 mg sous forme de mononitrate			4 mg				
Glycobal tonique vitaminé (Nabay Laboratory) Posologie: 1 c. thé 2 fois/jour					2,50 mg sous forme de chlorhydrate	1,2 mg sous forme de phosphate sodique	9,3 mg		1,0 mg sous forme de chlorhydrate			calcium: 75 mg manganèse: 20 mg potassium: 60 mg sodium: 100 mg
Infantol (Horner) Posologie: 0,5 mL/jour	5000 UI	400 UI	50 mg		1,2 mg	2,0 mg	12 mg		1,2 mg			
Pardec liquide (Parke Davis) Posologie: 1 c. thé/jour	5000 UI sous forme de palmitate	400 UI sous forme de vitamine D$_2$	50 mg sous forme d'acide ascorbique		3 mg sous forme de chlorhydrate de thiamine	3 mg sous forme de (5-phosphate ester monosodium salt dihydrate)	20 mg		2 mg sous forme de chlorhydrate	5 μg		acide d-panthothénique (sel de sodium) 10 mg
Pardec-chocolaté à mâcher (Parke Davis) Posologie: 1 comprimé/jour	4000 UI sous forme d'acétate	400 UI sous forme de vitamine D$_2$	75 mg sous forme d'ascorbate de sodium		2 mg sous forme de mononitrate	2 mg	15 mg	7 mg sous forme de fumarate ferreux	1 mg	3 μg		
Sirop Paramette polyvitamines avec fer (Ayerst) Posologie: 2-6 ans 2 c. thé/jour	5000 UI sous forme de palmitate	500 UI	40,0 mg		2,0 mg	2,0 mg sous forme de phosphate sodique de riboflavine 5	10,0 mg	8,0 mg sous forme de gluconate ferreux	1,2 mg	4,0 μg		

	VITAMINE A	VITAMINE D	VITAMINE C	FLUOR	VITAMINE B1 (thiamine)	VITAMINE B2 (riboflavine)	NIACINA-MIDE	FER	VITAMINE B6 (pyridoxine)	VITAMINE B12	ACIDE FOLIQUE	AUTRES
A Bas l'hiver multi-vitamines à croquer avec fer (Wampole) Posologie: 1 comprimé/jour	5000 UI	400 UI	275 mg		3,5 mg sous forme de mononitrate		25 mg	5 mg sous forme de fumarate	1,5 mg sous forme de chlorhydrate	3 µg	100 µg	
Maxi-6 hexavitamine liquide (Desbergers) Posologie: 1 c. thé/jour	500 UI	80 UI	0,8 mg sous forme d'acide ascorbique		0,16 mg sous forme de chlorhydrate	0,18 mg sous forme de phosphate sodique de riboflavine-5	2,2 mg					
Fertinic sirop de gluco-nate ferreux (Desbergers) Posologie: 5 mL/jour								35 mg sous forme de gluconate ferreux (300 mg)				
Solution orale de gluconate et de gluco-heptonate de calcium (Rougier) Posologie: 2-12 ans-1c. à thé 3-4 fois/jour												calcium: 292,5-390 mg sous forme de gluconate de calcium et glucohepto-nate de calcium
Karidium (Lorvic Corp.) Posologie: 1-4 ans 4 gouttes				8 gouttes = 1 mg								
Dristol (Winthrop) Posologie: 2 gouttes		250 UI/goutte dans solution de glycol-propylémique										

Appendice C
Sources d'information
sur les allergies alimentaires

AU CANADA

Recettes pour allergiques

Good Recipes to Brighten the Allergy Diet (brochure gratuite)
(Wheat free, Egg free, Milk free Recipes)
Consumer Service Department
Best Foods Division
The Canada Starch Company Ltd.
Box 129, Station A
Montréal, Québec
H3C 1C5

Une alimentation saine, même en cas d'allergies au lait de vache et d'autres aliments (recettes avec Isomil) (brochure gratuite)
Laboratoires Ross
Division des Laboratoires ABBOTT, Ltd.
Montréal, Québec
H4P 1A5

Recettes faciles, sans lait (brochure gratuite)
Prosobee
Mead Johnson
Unité de Bristol-Myers Canada, Inc.
Candiac, Québec
J5R 1J1

Wheat, Milk and Egg Free Recipes
From Mary ALDEN (brochure gratuite)
The Quaker Oats Company of Canada, Limited
Consumer Services
Quaker Park
Peterborough, Ontario
K9J 7B2

265

Allergy Recipes (brochure)
The American Dietetic Association
430 North Michigan Avenue
Chicago, Illinois
60611

Baking for People with Food Allergies (brochure)
U.S. Department of Agriculture
Home and Garden Bulletin No. 147
Superintendent of Documents
U.S. Government Printing Office
Washington, D.C.
20402

Information for those with Allergies and Tasty Rice Recipes (Wheat free, Wheat and Egg Free, Wheat and Milk Free, Wheat, Milk and Egg Free Recipes) (brochures)
Rice Council of America
P.O. Box 740121
Houston, Texas
77274

Centres d'information sur les allergies

1. La Société d'aide au développement affectif de l'enfant
   1181 rue de la Montagne
   Montréal, Québec
   H3G 1Z2
   Tél: (514) 861-1527

2. Allergy Information Association
   25 Poynter Drive, Room 7
   Weston, Ontario
   M9R 1K8
   Tél: (416) 244-9312

3. Alberta Children's Hospital
   c/o Department of Dietetics
   1820 Richmond Rd., S.W.
   Calgary, Alberta
   T2T 5C7
   Tél: (403) 245-7211

Magasins d'aliments spécialisés

1. Magasin d'alimentation spécialisé
   produits *sans gluten,*
   Catalogue disponible, commandes spéciales acceptées
   Mrs. Jean Stevens, director
   Ottawa Civic Hospital Specialty Food Shop
   1053 Carling Ave.
   Ottawa, Ontario
   K1Y 4E9

Liste de produits spéciaux

1. Liste de produits *sans gluten*
   De-Re-Ma 1983 Ltée
   537, 79e avenue
   Laval, Québec
   H7V 3H8
   Tél: (514) 687-2287

2. Guide d'utilisation et liste de prix détaillée disponible pour pâtes alimentaires aux légumes, au soya, au sarrasin, au blé moulu sur pierre, *sans
   gluten*

   Pranzo America Inc.
   10111 Boul. Parkway
   Ville d'Anjou, Qué.
   H1J 1P7
   Tél: (515) 351-2644

3. Renseignements sur les allergies (brochures gratuites)
   Liste de produits *sans gluten*, sans ingrédients *laitiers*, sans *tartrazine*
   Les Cuisines de General Foods
   P.O. Box 1200
   Don Mills
   M3C 3G5, Ontario

EN FRANCE

SUBSTITUTS

En considérant que les allergies sont des intolérances:
1) Aux protéines du lait de vache
2) Au lactose
3) Au gluten
4) De malabsorption des lipides
5) Maladies métaboliques (PHE — TYR — HIS — CYS)

A) Nourrissons intolérants aux protéines de lait de vache:

Substituts du lait:

Nutramigen	Mead Johnson
Prégestimil	Mead Johnson
Alfare	Nestlé
Végébaby	Sopharga
Végélact	Gallia
Galliagène	Gallia
Amirige	Nutricia

B) Nourrissons intolérants au lactose:

Substituts du lait:

Végélact	Gallia
Al 110	Sopharga
Galactomin 19	Nutricia
Alfare	
Prégestimil	

Aliments infantiles: étiquette mentionne sans lactose:
farines Petits Pots

Gallia
Jacquemaire
Guiguoz

C) Nourrissons intolérants au gluten:
Produits céréaliers de substitution: pain — farine — biscuits
Apoglut
Aglutella

                    Aproten
                    Betterfood
                    Riesal
                    Rite-Diet
                    Drei-Pauly
                    Pharmacie Centrale des Hôpitaux de Paris
                    Cantassium
                    Hammer Muhle

Aliments infantiles: étiquette mentionne sans gluten:
                    farines Petits Pots
                    Gallia
                    Jacquemaire
                    Guiguoz

D) Nourrissons ayant des troubles de l'absorption lipidique ou de l'utilisation
     des graisses: prescriptions de T.C.M.
Substituts du lait: Préciten   Sandoz
                        Alfare   Nestlé
                        Prégestimil   Mead Johnson
                        Tricéryl   Sopharga
                        Portagen   Mead Johnson
Graisses d'assaisonnement: huile Triceme
                        Liprocil   Sopharga
                        Margarine Cérès   Astra

E) Nourrissons phénylcétonuriques:
     Substituts protidiques sans phényl alanaraire ou avec peu
Leferalac   Mead Johnson
Albumaid XP   Scientific Hospital Supplies
Minafen   Trufood

P.K.U. Diat   Aporti
Cymogran   Glaxo
Aminogran   Allen et Handburrys
Phényldon   Nutricia
Substituts céréaliers:
                       Rite-Diet
                       Aglutella
                       Aproten
                       Amirex Betterfood

F) Nourrissons intolérants à certains acides aminés:
     Substituts protidiques sans leucine:
                       Leucinon   Nutricia

Substituts protidiques sans tyronne ou avec peu:

Tyrosidon	Nutricia
L.P.T. 1	Cow et Gate Trufood

Substituts protidiques avec peu ou sans histidine:

Histidon	Nutricia

G) Adresses:

1) Produits trouvés en pharmacie * uniquement:

Cow et Gatetrufood	London Road
	Guildford Scorrey
	Gui — 4HS GB
Sopharga	Tour Roussel-Nobel
	92080 Paris-La-Défense
Nestlé Guiguoz	Diétine
	10 Quai du Président Paul Doumer
	92401 Courbevoie
Gallia	126-130 rue Jules Guesde
	92300 Levallois
Mead Johnson	Laboratoires Allard
	10 avenue de Messine
	75008 Paris
Jacquelaire-Diépal	B.P. 432
	69654 Villefranche-Sur-Saône
Pharmacie Centrale	14 rue de la Collégiale
des Hôpitaux de Paris	75013 Paris
Nutricia	140 avenue Paul Doumer
	92500 Rueil-Malmaison
Allen et Handburys Ltd:	distribué par Milupa
Glaxo Evans	les Mercuriales
	40 rue Jean Jaures
	93176 Bagnolet

2) Produits trouvés en magasin de produits diététiques:

Betterfood Codime	68 rue Sadi-Carnot
	62400 Bethune
Rite-Diet	Taranis
	123 rue de l'Université
	75007 Paris
Riesal	Distriborg
	75 rue de Gerland
	69000 Lyon
Drei-Pauly	Regali
	114 rue Legendre
	75017 Paris
Aproten	Vio-Carlo Imbonsti
	24 Milan

270

Aglutella	Instituto Gentili
	via Mazzini
	112 PISCI
Apoglut	Prodireix
	St-Drezery
	34160 Castries
Cantassium	Distriborg
Hammer Muhle	Regali

3) Association française de lutte contre la muscoviscidose
66, boulevard St-Michel
75006 Paris (Tél.: 329.70.33)
Association de défense et d'aide aux enfants phénylcétonuriques
16 rue de l'Abreuvoir
92400 Courbevoie

* Les produits vendus en pharmacie ne sont pas tous remboursés par la Sécurité sociale.
Il existe un accord spécifique pour les enfants phénylcétonuriques depuis 1 ou 2 ans.

Appendice D

Recette de lait de soya enrichi
(pour l'enfant végétalien)

Le lait de soya préparé à la maison à partir des fèves soya ou de la poudre de soya ne contient pas suffisamment de calories ni assez de calcium pour supporter la croissance du jeune enfant *végétalien, végétarien strict* ou *macrobiotique.*

Pour remédier à ces lacunes, il suffit d'ajouter à chaque quantité de 250 mL (1 tasse) de lait de soya refroidi:

— 5 mL (1 c. à thé) *d'huile de maïs* ou *de tournesol*

— 10 mL (2 c. à thé) de *cassonade*

— 10 mL de *lactate de calcium* en poudre (disponible en pharmacie et dans les magasins d'aliments naturels).

On peut remplacer le *lactate de calcium* par du *calcium liquide* ou du *carbonate de calcium,* selon la tolérance de l'enfant.

Pour améliorer la saveur du lait, on peut ajouter une goutte de vanille ou une pincée de muscade; on peut également utiliser cette recette dans la préparation de soupes, de desserts ou autres recettes.

Les formules pour nourrissons à base de lait de soya sont déjà enrichies.

INDEX DES SUJETS

INDEX DES RECETTES PAR AFFICHAGE

Desserts aux fruits

INDEX DES TABLEAUX

INDEX DES BIBLIOGRAPHIES PAR SUJETS

Table des matières

Achevé   Imprimerie
d'imprimer Gagné Ltée
au Canada Louiseville